디그로쓰

지구를 식히고
세계를 치유할
단 하나의
시스템 디자인

The Case for Degrowth
by Giorgos Kallis, Susan Paulson, Giacomo D'Alisa,
and Federico Demaria

First published in 2020 by Polity Press
Copyright © Giorgos Kallis, Susan Paulson,
Giacomo D'Alisa, and Federico Demaria 2020
All rights reserved.

Korean translation copyright @2021 The House of Wisdom Under Shelter

디그로쓰

- 지구를 식히고 세계를 치유할 단 하나의 시스템 디자인

2021년 8월 27일 초판 1쇄 발행

지은이   요르고스 칼리스, 수전 폴슨, 자코모 달리사, 페데리코 데마리아
옮긴이   우석영, 장석준
디자인   조주영
펴낸곳   산현재 (傘玄齋)
등록번호   제2020-000025호
주소   서울시 영등포구 선유로3길 10, 907호 (하우즈디비즈)
이메일   thehouse.ws@gmail.com
인스타그램 /wisdom.shelter
페이스북   /thehousews

ISBN   979-11-972105-2-5 03320

*잘못된 책은 교환해 드립니다.

디그로쓰
DEGROWTH

지구를 식히고
세계를 치유할
단 하나의
시스템 디자인

요르고스 칼리스 ✦ 수전 폴슨
자코모 달리사 ✦ 페데리코 데마리아

산현 포럼 기획
우석영 ✦ 장석준 옮김

차례

일러두기

1. 역자 주는 각주로, 저자 주는 미주로 표기했다.
2. 언급되는 인물이 남성인 경우 그(그녀)로, 여성인 경우 그녀(그)로 표기했다. 남녀 성별 인지가 가능하게 하면서도, 성차별적 표기법을 지양하기 위한 조치이다.
3. 이 책에서는 기존 번역서에 등장하는 번역어와 다른 번역어가 적지 않게 사용되었다. 이에 관해서는 책 후미의 〈번역어 설명〉에서 안내했다.

서문

이 책의 원고가 인쇄소에 들어가던 2020년 4월, 세계보건 기구WHO는 COVID-19 글로벌 팬데믹을 선포했다. 우리 는 바르셀로나와 플로리다에서 자가 격리 상태에서 이 글 을 쓰고 있다. 우리는 예언자가 아니므로 여러분이 이 책을 읽을 무렵에 보건·경제 위기가 어떻게 전개돼 있을지 미 리 알 수는 없다. 다만 한 가지 아는 것은, 향후 디그로쓰 Degrowth, 즉 탈성장(성장 지양, 적정 성장) 1 옹호론이 더욱 적실 해질 것이라는 점이다.

---

1 이 책의 핵심 개념어인 Degrowth는 흔히 '탈성장'으로 번역되고 있다. 그러나 썩 만족 스러운 번역어는 아니다. 이 책에서는 주로 '탈성장'으로, 때로 '성장 지양', '적정 성장'으 로 번역했다. 'De-'는 '줄어들게 함', '없앰', '반대로 함'을 함축하며, '있는 것을 태워 없앰' 을 의미하는 한자 無에 가깝다. 반면, 한자 脫(탈성장의 탈)은 '허물을 벗다', '벗어나다', '탈출하다'를 함축하여 현 상태를 넘어서 다른 곳으로 이동함이라는, 적극적인 해방을 시사한다. 경제학적 의미로 Degrowth는 일정 수준에서 성장 속도가 둔화됨, 적정 규모 에서 성장이 정지하여 그 수준이 유지됨, 일정 수준부터 성장형 경제가 축소됨을 뜻한 다. 현재 널리 통용되는 번역어인 '탈성장'은 이러한 의미의 Degrowth라는 용어에 함축 된 해방적 면모, 즉 성장형 경제 시스템으로부터의 이탈을 표상한다. 그리고 이 책에서 Degrowth가 주로 '탈성장'으로 번역되고 있는 탓에 거의 사용되고 있지 않지만, 본문에 나오는 '적정 성장'은 '알맞은 정도에서 성장이 둔화·정지·축소됨', 또는 알맞은 정도에 서 성장이 지양됨을 뜻하며, '적정한 수준의 지속적 성장'을 뜻하지 않는다.

우리는 작금의 생태 불균형과 광범한 사회적 질병의 원인이 끊임없는 경제성장 추구에 있다고 주장한다. 지금의 팬데믹이 경제성장의 한계에 대한 증거이자 우리의 지속 불가능한 삶의 방식에 대한 메시아적 징벌이라 한다면, 너무 단순 무식한 주장일 것이다. 유행병은 과거에도 발생했고, 미래에도 발생할 것이다. 하지만 이번 감염병의 빠른 전파 속도와 광범위한 영향력을 만들어낸 힘은 항공과 항해로를 통한 확산에서 잘 드러났듯 가속화된 지구 경제의 상호 연결성에서 나왔다. 기업형 농업 시스템 확산, 인간의 (야생 생물) 서식지 침식, 야생 생물 상품화가 현재의 성장 경제와 한데 어울려 바이러스가 동물에서 인간으로 더 쉽게 전파될 수 있는 환경을 조성하고 있다.

일부 지도자들이 사태에 신속히 대응해 자국민을 지키는 데 실패하고는 팬데믹이 끝나기도 전에 경제 활동을 재개하라고 재촉했다는 사실 역시 이 책이 분석한, 경제성장을 끝없이 지속하라는 압박이라는 맥락에서 이해될 수 있다. 이러한 압박의 위험한 차원 가운데 한 가지는 과학적 증거와 권고에 대한 거부반응이다. 최근 수십 년간 기후변화 부정론자들은 화석연료를 토대로 한 경제성장을 지키려고 애쓰면서 일부 대중 사이에서 과학에 대한 믿음을 흔들어놓았다. 성장 경제를 위협하는 과학적 발견을 선뜻 받아들이지 못한 몇몇 정부는 기후변화 완화와 적응에 관한 연구뿐만 아니라 팬데믹 연구부서와 감염병 통제팀에 대한 재정 지원까지 삭감했다.

수십 년에 걸쳐 경제성장이라는 이름 아래 공공 보건과 공익·사회 보장 인프라스트럭처의 예산을 삭감한 결과, 많은 국가는 이번 위기에 대처할 역량을 갖추지 못한 상태가 됐다. 코로나 팬데믹은 현 경제 시스템의 취약성을 만천하에 드러냈다. 부자 국가들은 위기 중에 공공 보건과 기본적 필요를 뒷받침할 자원을 풍족하게 갖췄기에 경제 핵심부에 일과 자원을 재할당했고, 그로써 경제 주변부의 위축을 견뎌낼 수 있었다. 하지만 현 경제 시스템이 부단한 순환을 중심으로 조직돼 있다는 점을 보건대, 시장 활동의 위축은 시스템 붕괴 위험을 높이며 실업과 빈곤을 만연시킬 것이다. 다른 가능성이 없는 것은 아니다. 미래의 위기들, 즉 팬데믹 위기, 기후위기, 금융 위기 혹은 정치 위기 등에 대해 회복탄력성을 갖추려면, 우리는 생산이 살림살이와 삶의 상실로 이어지지 않도록 생산 규모를 줄일 수 있는 시스템을 구축해야 하다.

혹자는 이렇게 반문할 것이다. "코로나바이러스 위기가 성장이 지양되는 상황의 비참함을 보여주고 있지 않은가?" 우리는 우선 당신이 이 책을 읽어볼 것을 권한다. 팬데믹 중에 일어난 사건은 성장 지양이 **아니다.** 탈성장(성장 지양)의 목표는 인간과 지구 시스템에 대한 피해를 최소화하기 위해 의식적으로 속도를 늦추는 것이다. 지금 상황은 탄소 배출량이 줄어든다는 점이 아니라(이것은 좋은 소식이다) 수많은 삶이 희생되고 있다는 점에서 끔찍하다. GDP가 하락한다는 점이 아니라(우리는 여기에 관심이 없다) 경제성장이 흔들리는 상황에서 살림살이를 지키려는 적절한 노력이 없다는 점에서 끔찍하다. 우리가 보기에는 돌봄과 공동체 연대가 탈성장 사회의 핵심 원칙이며, 더 평등하고 지속가능한 미래로 나아가는 동력이다.

우리는 재난이 아니라 계획을 통해 사회의 속도를 늦추길 바란다. 이번 팬데믹은 우리가 이 책에서 진단한 경제성장 유발형 재난의 좋은 사례다. 우리가 제안하는 경제 정책과 사회적 실천 형태는 이 같은 위기 상황을 더 살 만하고 정의로운 삶의 상황으로 만들 방법을, 더 건강하고 훌륭한 위기-이후 시대를 열어갈 방법을 제시한다. 아울러, 미래의 재난 발생을 앞당기고 있는 기존 관행과 정책의 방향을 재조정할 방법을 제시한다.

경제성장 종식은 순조로운 이행을 통해서만 나타나지는 않을 것이다. 경제성장 종식은 우리가 선택하지 않은 상황 속에서, 무계획적으로, 목표도 없이, 혼란스럽게 전개될 가능성이 높다. 우리가 지금 겪고 있는 팬데믹 같은 상황 말이다. 역사는 자주 정지와 재출발을 반복하며 진화한다. 우리의 분석은 마비 국면이 어떻게 임계점에 이르러 예기치 않은 사건을 통해 새로운 가능성을 열고 다른 가능성은 폭력적으로 닫는지 보여준다. COVID-19 팬데믹이 바로 이러한 사건이다. 갑자기 모든 게 완전히 새로운 방향으로 향하고, 좋은 쪽으로든 나쁜 쪽으로든 예전에는 불가능하다고 여겨지던 것이 가능하게 된다. 혹독한 경제 공황은 루즈벨트F. D. Roosevelt의 뉴딜을 낳았고, 또한 히틀러A. Hitler의 제3제국을 낳았다. 오늘 우리가 마주한 가능성과 위험은 무엇인가?

　　　　　코로나 팬데믹 와중에 많은 과학·정치·도덕 권위자들은 사람들의 건강과 안녕을 돌보는 것이 이윤보다 먼저여야 한다는 메시지를 전하고 있고, 이것은 정말 좋은 일이다. 우리가 주창하는 돌봄 윤리의 부활은 노부모를 보호하려고 기꺼이 집에 머물려는 젊은이들을 통해 확인되며, 돌봄·의료 노동자의 책임감과 희생정신에서도 드러난다. 물론 많은 이들은 바이러스를 두려워하거나 자신을 염려해서, 혹은 벌금을 물지 않으려고 집에 머물기도 한다. 또, 많은 돌봄 노동자들은 생계 때문에 일터로 나간다. 그러나 우리가 주장했듯이, 이러한 위기에 집단적으로 대처하자면 희생과 연대의 결합, 자기 이익과 집단 이익의 결합, 무엇이 옳은지에 대한 대중적 합의와 정부 개입의 결합이 필요하다.

뿌리 깊은 불평등이 새로운 방식으로 모습을 드러내고 있다. 어떤 이들은 재난을 피해 자택에서 안전하게 지내는 호사를 누렸지만, 다른 이들은 적절한 사회안전망의 보호를 받지 못한 채 실업자가 되는 길과 돌봄 서비스 같은 일을 하다 코로나바이러스에 노출되는 길 사이에서 선택해야 했다. 팬데믹이 세계 여러 지역에서 다양하게 전개됨에 따라, 상대적으로 더 취약한 집단과 지위에 속한 사람들일수록 다른 이들보다 더 큰 고통을 겪고 있다. 이러한 불의와 나란히 나타나고 있는 것은, 인구 전체가 보호받지 못한다면 가장 부유한 이들조차 감염에서 충분히 안전하지는 못하다는 각성이다.

과거의 다른 위기와 마찬가지로, 이번 위기에서도 기업과 정부가 필요를 충족시켜주지 못하는 곳에서는 시민들이 힘을 모아 자기를 조직했다. 고령층을 위해 음식과 약품을 배달하는 상호부조 집단, 산소 호흡기 부품을 3-D 프린팅하려고 협력하는 의사·공학자·해커 집단, 의사와 간호사 자녀의 베이비시터 역할을 자임한 학생들이 그들이다. 우리가 구상하는 탈성장 사회의 밑돌이 될 돌봄과 커머닝commoning 노력의 급증은 바이러스가 엄청난 감염력을 과시하는 상황에서 참으로 칭송할 만하다. 이번 팬데믹이 종식된 후에 경제 재건의 고된 여정이 시작되면, 이렇게 커머닝과 돌봄을 부흥시키는 힘이 중대한 역할을 할 것이다.

개인과 풀뿌리 네트워크들 안에서 나타나는 긍정적 충동은 필수 요소이지만, 변화를 지속시키기에는 이것만으로는 부족하다. 사회보장 서비스와 의료 서비스를 제공하고, 자연환경을 보호하며, 경제적 안전망을 제공하는 국가가 필요하다. 우리가 이 책에서 주창한 정책들은 이번 팬데믹 이전에도 필수적이었고, 이번 팬데믹 중에도 그리고 그 후에도 반드시 필요하다. 그린뉴딜과 공공 투자 프로그램, 일자리 공유, 기본 돌봄 소득Basic Care Income, 보편적 공공 서비스, 공동체 경제에 대한 지원 등이 그것이다. 자산, 고소득, 천연자원 사용, 오염에 부과되는 탄소 부담금, 탄소세 같은 수단을 통한 공공 금융 재편도 이런 정책에 포함된다. 우리의 책은 현 경제가 지닌, 생태 파괴적이며 자원 착취적인 면모를 해체하는 데 집중하는데, 이번 팬데믹 대책에도 삶을 지탱하는 데 직접적으로 필요하지는 않은 이런 면모를 해체하는 내용이 담겨 있다. 이번 팬데믹 기간에도, 그리고 그 후에도 우리는 경제성장 없이 정치경제를 운영한다는 근본 과제에 예외 없이 직면할 것이다. 즉, 자본주의 경제 일부를 해체하면서 동시에 기본적 재화·서비스의 제공을 보장하고, 자원을 덜 쓰면서 삶을 즐기는 방식을 실험하며 삶에서 긍정적 의미를 찾아내야 할 것이다.

코로나 팬데믹 속에서 구체적 해법을 찾는 과정에서 정치 성향에 상관없이 이미 많은 이들이 급진적 방안을 고민하거나 이를 선별 수용하고 있다. 가령, 노동시간을 단축하고 일자리 공유제를 실시한 기업과 정부가 있다. 다양한 형태의 기본소득이 검토되고 있고, 격리 기간 중에 그리고 기업 폐업 후에 노동자를 지원하기 위한 금융 조치들이 제도화됐다. 돌봄소득을 위한 국제 캠페인이 시작되었고, 많은 정부가 필수 재화·서비스 공급을 보장하기 위해 생산 기구에 손을 대기 시작했다. 또한 임대료, 담보 대출금, 부채 상환금에 대한 지불 유예 조치가 검토되거나 실시되고 있다. 향후 막대한 정부 지출이 필요할 것이라는 인식이 점점 더 확산하고 있다.

이 책은 기후변화와 관련된 수많은 위협을 비롯한, 미구에 닥칠 위기를 완화한다는 목표 아래 우리가 경제를 어떻게 재구축할 수 있을지, 그 방안을 제시한다. 화석연료기업, 항공사, 유람선, 거대 여행사에 보조금을 지급해서는 이런 목표를 달성하지 못할 것이다. 오히려 국가는 그린뉴딜에 자금을 투입해야 하고, 의료·돌봄 인프라스트럭처를 재건해야 하며, 자연환경에 덜 해로운 경제로 나아가는 정의로운 전환 과정에서 일자리를 창출해야 한다. 유가가 하락하는 상황 속에서 화석연료에 높은 세금을 부과해야 하고, 녹색·사회적 투자에 더 많은 자금을 지원해야 하며, 일하는 사람들에게는 감세와 배당금 제도를 실시해야 한다. 우리는 법인기업과 은행을 구제하는 데 공적 자금을 사용하는 대신에 사람들과 공동체들이 자신의 삶과 살림살이를 재건하도록 도울 기본 돌봄 소득을 도입하라고 주장한다.

COVID-19 이후 세계는 변화할 것이다. 그리고 앞으로 어떤 길로 나아가야 할지를 놓고 투쟁이 벌어질 것이다. 우리는 인간과 자연환경에 더 이로운 영향을 끼치는, 더 평등하고 회복탄력성 높은 사회로 나아가는 변화를 위해 투쟁해야 할 것이다. 권력을 쥔 행위자들은 기존 제도를 복원하고 약자들에게 비용을 전가하려고 할 것이다. 자연환경과 노동자가 부담을 떠안지 않고 재난 이전의 경제성장에서 가장 많은 이익을 뽑아냈던 자들이 부담을 지도록 만들려면, 조직화가 필요하며 상황에 맞게 동맹이 구축되어야 한다.

이 위기는 십중팔구 가능성보다는 위험을 더 많이 풀어놓고 있다. 우리는 코로나 팬데믹이 초래하는 공포의 정치, 즉 민중운동 감시와 통제의 강화, 외국인 혐오와 타자에 대한 책임 전가 그리고 커머닝과 정치적 조직화에 고삐를 채우는 각 가정의 고립화를 우려한다. 통행금지, 격리, 행정명령에 따른 통치, 국경 통제, 선거 연기 같은 조치들이 단행되고 나면, 이것은 디스토피아적 미래를 여는 정치적 가능성의 무기고가 될 수 있다.

이 위험들에 맞서기 위해 이 책은 상호부조와 돌봄이라는 커먼스가 기본이 되도록 사회를 재구축하고, 경제성장이 아니라 좋은 삶과 형평(성)을 지향하도록 집단적 삶의 목표를 재조정하는 길로 안내한다. 이것은 그저 고상한 소망만은 아니다. 이 책은 우리가 바라는 세상을 건설하는 출발점이 될 일상의 실천과 구체적 정책을 제시한다. 또한 환경 부담을 적게 주는 평등한 사회를 건설하려는 이러한 노력들 사이에 시너지 효과를 일으킬 정치 전략이 무엇인지를 밝힌다.

이 책을 쓸 당시 우리는 왜 탈성장을 옹호하는지, 그 근거에 관해 독자들에게 확신을 심어주려면, 상당한 노력을 기울여야 한다는 점을 잘 알고 있었다. 지금 우리의 작업은 현 시스템이 자기 무게에 눌려 부서지고 있다는 명백한 증거 덕분에 한결 수월해졌다고 할 수 있다. 십수 년 안에 두 번째의 거대한 글로벌 경제 위기가 닥치면, 아마도 우리 중 더 많은 이들이 단지 시스템의 지속을 위해 더욱더 많이 생산하고 소비해야 한다는 상식에 물음을 던질 것이다. 무엇이 진짜 중요한지를 다시 돌아볼 때가 됐다. 중요한 것은 GDP가 아니라 이곳의 사람들과 우리 지구의 건강이고 안녕이다.

간단히 말하면, 디그로쓰, 즉 탈성장이다.

감사의 말

오랫동안 우리 네 사람은 경제성장의 부정적 영향과 재앙적 측면에 관해 글을 썼고, 더 건강한 미래를 향해 나아가야 한다고 촉구했다. 이 책은 우리가 대안 경로를 제시하는 데 집중한 첫 번째 저작이다. 탈성장 세계를 향한 질서정연한 이행은 정치적으로 쉽지 않을 테지만, 우리는 이것이 가능하다고 믿으며, 이런 이행을 지향하는 삶과 노력은 그 자체로 선이라고 믿는다.

이 책의 집필 자체가 일종의 돌봄 행위다. 역사적 도전 앞에서 자신의 힘을 보태며 의미를 찾아내려고 애쓰고 있는 가족, 친구, 동료 시민들에 대한 돌봄이다. 경제성장의 짐과 상처를 이겨내려고 투쟁하고 있는 세계 여러 지역과 사람들에 대한 돌봄이다. 또한 협력자이자 공저자로서 우리 스스로 서로를 돌보는 행위이기도 하다.

여느 돌봄 행위와 마찬가지로 이 책을 생산하려는 우리의 노력 역시 우리의 개인적 처지로 인한 한계와 취약성, 가령 계급 · 젠더 · 학문 분과 · 문화 등과 충돌을 빚었다. 우리는 새로운 이해와 인식으로 나아가기 위해 협력했다. 의미 있고 보람 넘치는 여행이라면 결코 수월하기만 할 수는 없음을 잘 알기에 우리는 이 책이 각기 다양한 처지에서 쉽지 않은 여정을 하고 있을 독자들에게 힘을 되고 자극이 되기를 소망한다.

요르고스 칼리스는 ICTA-UAB[바르셀로나 자치대학 산하 환경과학기술연구소]의 ICREA[카탈루냐 학술진흥재단] 교수로서, 생태경제학과 정치생태학을 가르친다. 그(그녀)는 물이 어떻게 도시 성장의 연료로 이용됐는지를 연구했고, 최근에는 녹색 성장의 어리석음을 비판하는 데 집중했다. 요르고스의 최신 저작은 '한계' 개념을 옹호하는 책이다.

수전 폴슨은 플로리다 대학에서 젠더, 계급, 신체와 민족인종 시스템의 상호작용, 환경 등을 연구하고 가르친다. 그녀(그)는 라틴아메리카에서 30년간 연구하고 가르쳤으며, 남미에서 살던 기간 중 15년 동안엔 소득이 낮지만 환경 부담 또한 적게 주는 지역사회에서 살았다. 현재 수전은 채광 산업에서 고통스럽고 위험한 노동을 수행하는 남성들 사이에서 나타나는 사내다움의 변화에 관해 연구하고 있다.

자코모 달리사는 포르투갈 코임브라 대학의

CES-UC[코임브라 대학 사회연구센터]에서 커먼스와 커머닝을 연구하고 있고, 사회가 경제성장 없이도 번영하려면 커먼스를 중심에 두어야 한다고 주장한다. 자코모는 고향 캄파니아에서 벌어진 폐기물 분쟁에 관한 책을 썼고, 탈성장 사회를 위한 정치 전략을 다룬 책에서는 '비상사태' 담론의 위험성을 경고했다.

페데리코 데마리아는 바르셀로나 대학에서 생태경제학과 정치생태학을 가르치는 세라 운테르Serra Hunter 프로그램 소속 강사이며, 세계 곳곳의 환경 갈등을 연구하고 그 지도를 그리는 환경정의 아틀라스Environmental Justice Atlas 팀의 일원이다. 페데리코는 델리의 넝마주이들과 함께 살고 일하면서, 가난한 이들의 환경주의가 발전을 대신하는 대안들의 다중세계pluriverse에 관해 많은 것을 알려줄 수 있음을 보여주는 연구를 수행했다.

이 책의 공동 생산 과정에서 우리는 각각 이론적 관점, 내용, 비판을 분담했다. 요르고스는 책 전체의 주제를 처음 잡고 주장들을 정리하며 각 장의 첫 번째 초고를 집필하는 등 각자의 작업을 하나로 모으는 데 주도적인 역할을 했다. 하지만 독자가 손에 쥔 텍스트는 수전의 노동과 집필, 편집을 거친 결과물이다. 언어, 접근법, 역사·문화·지리적 맥락에 관한 그녀(그)의 인류학적 관심 덕분에 우리의 책은 경제 · 환경 논의 일색이던, 이전의 탈성장 서적들과 달라졌다. 삶과 정치에 관한 자코모의 철학은 우리의 주장이 커먼스에 깊이 뿌리 내리도록 하고, 특정한 정치 전략, 즉 몸으로 느껴지고 실천에 옮겨지는 깊은 문화적 변혁을 통해 새 상식을 천천히 구축해가는 정치 전략이 우리의 탈성장론에 스미게 해주었다. 페데리코는 운동들의 동맹 과정에서 있었던 대화 경험을 전해주었고, 우리의 주장에 예시로 등장하는 바르셀로나 관련 연구를 지휘했다.

네 가닥의 사상 · 행동의 역사들 사이에서 방향을 잡아나가기란 쉽지 않았다. 우리는 다양한 입장과 경로를 그 가치에 맞게 대우하고 서로 이으며 비판 혹은 비난하는 방식에 관해 열띤 토론을 벌였다. 우리의 건설적 논쟁은 우리가 독자들에게 강력히 촉구하는, 보다 광범위한 논쟁과 긴장을 예시한다 하겠다.

이 책에 표명된 생각들은 서로 겹치는 과학자 · 활동가 네트워크에 참여함으로써 발전한 것이다. 예를 들면, ICTA-UAB의 동료와 학생들, 연구와 탈성장Research & Degrowth, 플로리다 대학 라틴아메리카 연구센터, CES의 생태와 사회Ecology and Society 그룹, 유럽 정치생태 네트워크 ENTITLE, 정치생태학 네트워크Political Ecology Networks, 국제 탈성장 대회와 여름학교 참가자들이 그들이다.

과거와 미래의 탈성장 비판론자들에게도 감사 드린다. 날카로운 질문과 비판을 제기함으로써 우리가 끊임 없이 우리의 지식과 제안을 명확히 하고 응용하지 않을 수 없게 만들 만큼 깊은 관심을 표한 이들에게 감사 인사를 전한다.

우리는 이 책의 주제를 처음 잡을 때부터 출판 프로젝트의 중심에 있었고 익명의 논평자들과 더불어 가치 있는 통찰을 제공한 편집자 루이스 나이트Louise Knight 와 이네스 복스만Inès Boxman에게 감사드린다. 또한 서지를 작성하고 초고를 검토하는 작업에 도움을 준 윌리엄 부스 William Boose와 화니타 두케Juanita Duque에게도 고마움을 전 한다.

스페인 정부(COSMOS and María de Maeztu grants – Kallis; CSO2017-88212-R), 유럽 연구위원회European Research Council(EnvJustice project – Demaria; GA695446), 포르투갈 과학기술 재단(D'Alisa; UID/SOC/50012/2019)의 지원에 감사를 표한다.

이 책의 모든 결함, 오류, 모순은 공저자인 우리 모두의 책임이며, 바라건대 우리의 한계가 미래의 노력을 촉발하는 계기가 되었으면 한다. 보고 존재하고 서로 관계 맺는 방식의 변화에서 시작될 사회–생태적 대전환의 전략 을 탐구하자는 초대장으로서 이 책을 내놓는다. 이 책은 독

자 여러분이 참여하고 더 학습하고 대화에 한몫하라고 초
청하는 초대장이기도 하다.

1장

탈성장 세계를
옹호하는 이유

탈성장을 옹호한다는 것은, 경제성장 추구의 종식을 옹호한다는 것, 좋은 삶 또는 행복한 삶wellbeing을 삶과 사회의 목적으로 삼음을 옹호한다는 것이다. 이 책은 모두를 위한 좋은 삶을 건축하려는 움직임을 촉구한다. 또, 현존하는 자원들이 이제까지와는 달리 어떤 식으로 공유·투자되어 더 적은 돈으로도 가능하고, 더 적게 착취하며, 환경 악화를 더 적게 유발하는 좋은 삶을 만들어낼 수 있을지를 보여준다. 이 책을 집어 든 독자들이라면, 책에 나오는 불평등과 착취의 형태와 환경 해악에 익숙할 것이다. 이 책의 색다른 점은, 이러한 골치 아픈 현상들이 현대 경제의 성장 강박imperative과 관련된 것임을 보여준다는 것, 이러한 경제를 극복함이란 곧 더 많은 것을 향해 극단적으로 나아가는 움직임으로부터 해방됨이라고 주장한다는 것이다.

인간·자연 자원의 착취도, 탄소 배출물과 다른 폐기물의 생산도 지구 자체의 위험을 악화시키지 않은 채 계속해서 증대할 수는 없다. 우리 저자들이 살고 있는 유럽과 북미의 환경에서는, 경제성장을 지속시킴이 경제적으로 더는 온전하지 않다. 즉, 지속적 경제성장의 사회적·

생태적·개인적 비용이 그것으로 인한 혜택을 초과한다. 이러한 실상은 사회적이고 생태적인 비용을 회계장부에서 제외함으로써 결국 은폐하고, 미래 세대를 포함하여 사람들과 다른 장소들을 향한 위해를 시야에서 없애버리는 여러 메커니즘에 의해 가려지고 있다.

이런 말들의 근거가 무엇이냐라고 묻는다면, 답은 명확하다. 경제성장이 초래하는 환경적·사회적 해악은 지난 반세기 내내 엄밀히 기록되었고 기록되고 있다. 1 그럼에도, 인류 경제가 사용하는 물질과 에너지의 양은 지금도 시시각각 증가하고 있다. 반면, 각국 정부와 기업들은 2019년 UN기후행동 정상회의UN Climate Action Summit에서 그레타 툰베리Greta Thunberg가 이야기한 "영원한 경제성장이라는 동화"를 줄곧 홍보하고 있다.

무엇이 변화를 지연시키고 있나? 특권을 누리고 있는 행위자들이 경제성장 시스템을 지속하는 정교한 방책들을 실행하고 있음은 확실하다. 그들로서는 불편부당하게 막대한 이익을 챙기고, 부담과 위험은 적게 감내하는 경제성장 시스템 말이다. 하지만, 심지어 일론 머스크 Elon Mask가 세계 상위 1%의 부자들을 전부 화성으로 보낸다 해도, 경제성장을 향한 움직임은 (전부는 아니더라도) 수많은 지역들과 사람들의 삶 속에서 존속될 것이다. 심지어, 성장 경제들에 의해 가장 심각하게 착취당하고 퇴보한 일부 지역들과 사람들의 삶 속에서도 그러할 것이다. 자기 확장성을 지닌 식민주의적·자본주의적인 화석연료 경제들 그리고 그 경제들과 한 몸이 돼버린 특정 양식의 지식과 삶이 변화 가능성을 제약하고 있다.

이러한 지식·삶의 방식의 세계화는 인류사에 걸쳐 적응하고 복원하는 사회의 능력에 근본적으로 중요했던 문화적·생물학적·언어적·기술적·부족적·종교적 다양성과 다른 형태의 다양성을 줄곧 추방해 왔다. 역사적으로 성장 경제와 더불어 진화했던 세계관들과 사회 시스템들이 세계 도처에서 그 세를 확산하며 지배 세력이 되는 가운데, 다양한 사회집단들은 다른 삶의 방식lifeways을 유지하거나 만들어내려고 분투했다. 반면, 이 시스템의 핵심부에 있는 이들로서는 스스로 대안을 상상해내기란 어려웠다.

참여적 성향을 지닌 많은 이들이 오늘의 위기에 대응한 방식은 성장 경제 자체를 질문하는 것은 아니었다. 그들의 방식은, 성장 경제를 녹색 성장 경제로, 포용적 성장 경제로 만들자고 제안하는 것이었다. 보수도, 진보도 속도를 낮추기보다는 파이를 키우려고만 했다. 녹색 기술과 사회보장제도를 재정적으로 뒷받침하기 위해서 말이다.

정치적 색채가 무엇이든, 정치인들은 줄곧 성장 경제를 지원해왔다. 경제 침체를 피하기 위함이었고, 명분상으로는 경기 침체 상황에서 가장 취약한 이들을 보호하기 위함이었다.

　　20세기 중엽, 파이 키우기는 수많은 국가들에서 중산층 확대와 소득 불평등 감소를 동반했다. 하지만 1980년대부터 국가 단위와 세계 단위에서의 파이의 경이로운 성장은 국가 내, 국가 간 불평등한 자산·소득 분배 악화와 직결되었다. 2 미국 내에서는 GDP 성장이 10년 넘게 연속되었지만, 최고 부유층과 최고 빈곤층 가정들 사이 부의 격차는 50년간 가장 크게 벌어졌다. 3 같은 기간, 불균등하게 파이를 키움으로써 초래된 환경 손상은 이미 가난했거나 주변부로 밀려났던 이들에게도 해를 입혔다. 기후 난민이 돼버린 수백만에 이르는 사람들은 한가지 예일 뿐이다. 성장 경제는 또한 부채, 손상, 불안정성이라는 유산으로 미래 자체를 식민지화함으로써 세대 간 불평등을 공고히 했다.

　　야니스 바루파키스Yannis Varoufakis는 질적으로 다른 성장을 옹호한다. "우리는 사람들의 삶의 전망과 지구를 파괴하는 '것들'(디젤 자동차, 독을 내뿜는 농업, 숲을 잠식하는 소 농장, 독성 강한 금융)의 성장을 종식해야만 한다"고 그(그

너)는 쓴다. "대신 우리는 인류가 필요로 하는 '것들'(녹색 에너지, 돌봄, 교육, 지속가능한 형식의 주택)의 성장을 진흥해야만 한다." 4 물론, 우리는 이것을 해야만 한다. 하지만 이 책은 오직 좋은 것들만을 생산함으로써 과연 성장을 유지할 수 있을지, 또 그런 식의 전환이 실제로 자연환경 손상을 감소시킬 수 있을지 의문을 제기한다. 좋은 것들을 제작하는 행위는 여전히 일부 나쁜 것들을 제작하는 행위에 의존한다. 예컨대, 태양광 패널 제조에는 희소 미네랄들의 추출이 요구되고, 이 과정은 산림을 파괴하고 강을 오염시킨다. 선박과 트럭을 이용하여 희소 미네랄과 태양광 패널을 수송하는 과정에서는 탄소가 배출된다. 도로와 항만과 공장을 건설하는 과정에서는 자연과 경관이 파괴된다. 현재의 연간 3% 성장률이 지속될 경우, 세계 경제 규모는 이번 세기가 끝나갈 무렵 11배 더 커질 전망이다. 따라서, 더 깨끗한 방식의 생산으로의 유의미한 전환조차도 몇 배의 환경 부담 증대를 초래할 것이다.

　　탈성장론은 우리가 지금과는 다른 방식으로 생산하고 소비해야 한다고, 더 적게 생산하고 소비해야 한다고 주장한다. 더 많이 공유하고, 더 공정하게 분배해야 하며, 동시에 파이 전체의 크기는 줄어들어야 한다고 주장한다. 회복탄력성 높은 사회와 환경 속에서 즐겁고 의미 있는 삶을 지탱하는 방식으로 그렇게 바꿔 나가려면, 지금과는 다른 종류의 사람들과 관계들을 만들어내는 가치와 제도가 요구된다.

목적

이 책의 목적은 평등한 좋은 삶 쪽으로 살림살이와 정치의 지향점을 바꾸도록 시민, 정책입안자, 활동가들의 마음을 움직이고, 그들을 격려하는 것이다. 우리의 목표는 그러한 세계를 건설해가는 행동과 사상을 자극하는 것이지만, 새로운 앎을 이론화하고 대안적 이행경로를 상상함만이 아니라 지금 단계에서 바로 실행 가능한 전진 전략을 만들어냄으로써도 그렇게 하고자 한다.

사람들은 지금 실제로 다양한 방식으로 그러한 전진의 움직임을 강화하고 있다. 일상적 삶이나 지역공동체 생활상의 실험이 그러하고, 대안적 푸드 · 금융 시스템 설계가 그러하다. 이 책은 제도 · 기술 · 관계 · 삶의 세계의 (재)생산 그리고 다른 영역에서 현재 진행되고 있는 변화들이 서로 시너지 효과를 낼 가능성을 전면에 부각한다.

여러 영역 내의 역동성, 여러 영역 간의 상호영향을 통해서 공진화적인 변화가 출현하고 있다. 조만간 어떤 특징적 면모들이 상수常數로서 나타나게 될 것이다. 상수가 된 어떤 시스템 내에서 다른 것들과 연동된 채 말이다. 그러나 전환을 이뤄내는 잠재적 힘은 교란을 일으키는, 종종 예측 불가능한 사건들 그리고 이미 존재하는 다양성에 대한 긍정적 인정을 통해, 아울러 적응과 혁신, 의도되지 않았던 변이를 통해 방출될 것이다. 이것은 지배적인 실천·비전과 비-지배적인 실천·비전의 상호작용을, 아울러 제도화된 실천과 기층민이 만들어가는 실천의 상호작용과, 오래된 전통과 새로운 실험의 상호작용을 주목하고 지원한다는 것을 뜻한다.

지금 세계는 급격한 대전환 직전에 와 있다. 이 대전환은 산업 자본주의를 구축하는 과정에서 근대 초기 유럽이 경험했던 전환만큼이나 거대한 전환이며, 20세기에 '제3세계'로서 재발명된 다양한 행위자들과 삶의 방식들이 겪었던 전환만큼이나 심도 있는 전환이다. 생태계들과 지구 시스템들의 붕괴는 이미 많은 사람들에게 재난이 되고 있다. 질병들과 팬데믹들은 경제와 일상적 삶을 교란하고 있다. 복합적으로 나타난 충격으로 인해 경제는 더욱더 불안정하게 되어, 더 많은 장소에서 더 많은 사람들이 더 심각한 삶의 교란을 겪으리라는 점은 의심의 여지가 없다. 이러한 도전과제 앞에서 다양한 양상의 정치적 대응들이 나타나고 있다. 땅을 착취하는 산업들을 확대하는 동시에 사회보장제도용으로 이윤이 빠져나가지 못하게 제한하는 신-추출주의neo-extractivism, 이민자들을 제외한 토종 국민만을 위한 사회보장제도가 중요하며 어떤 수단을 동원하더라도 성장해야 한다는 권위적 민족주의authoritarian nationalism, 다수의 몫을 깎아서 소수의 부를 지탱하는 것이 맞다는 신자유주의적 긴축주의neoliberal austerity 또는 다수의 몫을 깎아서 불안정 문제를 해결하는 정책과 군대에 투입해야 한다는 권위적 긴축주의authoritarian austerity 등. 이 책은 어렴풋하게 드러나고 있는 이 역사적 전환기에 이와 같은 정치적 대응들과는 다른 식으로 대응해야만 한다고 역설한다. 공유된 풍요 속에서 연대감을 누릴 수 있는, 중도를 지키는 삶을 지원하는 정책들과 행동들이 필요하다고 말이다.

1장의 나머지 부분에서 우리의 주장에 핵심이 되는 생각들을 소개하겠다. 2장에서는 경제성장으로 인해 점점 증대하고 있는 비용을 검토하고, 3장에서는 이미 경제성장주의에 끌려가지 않은 채 다른 식의 삶을 살아가고 있고 관계와 제도들을 (재)생산하고 있는 사람들의 모습을 살펴본다. 4장과 5장은 다양한 영역에서의, 다양한 규모의 새 사업들을 지원·강화하는 데 필요한 조건을 정부와 시민사회가 만들어내려면, 그리하여 경제성장으로부터 이탈하는, 시너지 넘치는 공진화를 촉진하려면 어떤 정치적 전략이 필요한지를 논한다.

물질적 성장과 경제적 성장

이 책에서 우리는 시장 활동의 증가, 경제체제에서 사용되는 물질의 증가를 다른 종류의 성장과 구별한다. '물질적 성장'이란 인간 사회가 변형한 물질·에너지의 양의 증가를 의미한다. (가령 벌목한 나무, 태워버린 석탄, 먹어 치운 식물과 동물) 연구자들은 변형된 물질을 물질 유동량 분석material flows analysis, 생태 발자국 같은 방법으로 측정하며, 최근의 물질적 성장의 가속화가 기후변화, 해양 산성화, 생물다양성의 손실, 청정수의 감소, 다른 위기들과 어떤 관계인지를 밝히고 있다. 5

지구 과학자들은 물질적 성장의 속도를 늦추는 것이 위와 같은 바람직하지 않은 충격의 완화에 필요하다는 데 동의하고 있다. 6 한편 산림파괴, 사막화, (토양·지형) 침식, 수질·대기 오염, 강물과 샘의 고갈, 야생동물·어류 자원의 심각한 감소 등을 통해 자기들의 삶과 세계를 침해하는 물질적 팽창에 숱한 사람들이 저항하고 있다. 페루의 빙하 용해로, 몰디브의 해수면 상승으로, 7 미시건주 플린트Flint 시의 납 중독과 식수 위기로, 8 루이지애나 암

골목cancer alley에서의 죽음으로 9 곤경을 겪는 이들도 그러한 사람들에 속한다.

이 책에서 '경제적 성장'이라는 용어는 각국에서 국내총생산Gross Domestic Product[GDP]으로 계산되는, 특정 시장에서 교환되는 재화·서비스의 화폐 가치의 상승을 의미한다. 물질적 성장이 자연환경에 해를 가한다는 데 광범위의 합의가 있는 것과는 달리, 경제적 성장은 이롭고 필요한 것으로 널리 이해되고 수용되고 있다. 오늘날 세계 각지에서 학자들과 정치인들, 발전2 전문가들은 바람직한 모든 변화를 대신 보여주는 지표이자 그렇게 변화된 상태로 가기 위한 방법으로 GDP 성장률을 사용하고 있다. 더 높은 수준의 수명, 문해력, 평등, 안전, 정치 참여, 정신 건강, 행복 또는 더 낮은 투옥률, 비만율, 살인율, 자살률 같은 바람직한 결과들은 높은 GDP 성장률보다 높은 수준의 경제적 평등과 훨씬 더 관련성이 높다는 통계 분석이 있음에도 그러하다. 10

2장에서 우리는 독자에게 경제성장으로 인한 이익이라고 주장되는 것들에 의문을 던져보라고, 그것이 초래한 바람직하지 않은 결과를 인정하라고 강한 어조로

---

2 아마도 development의 번역어가 개발이냐, 발전이냐는 문제는 결론이 나기 어려운 문제일 것이다. 이 책에서는 문맥에 따라 적절히 번역했음을 밝힌다.

촉구한다. 2장은 경제성장이 물질ㆍ에너지의 불평등 교환을 촉진하는 사회적ㆍ지리적 불평등에 계속 의존하고 있는 양상을 보여준다. 2장은 또한 경제성장이 어쩔 수 없이 해로운 물질적 성장과 연관된다는 사실, 미래에도 계속 그럴 가능성이 높다는 사실을 밝힌다. 비록 일부 생산 과정은 과거와 비교해서 더 청정해졌고 연료효율성도 더 높아졌지만, 각국과 세계의 경제성장은 생태 발자국 증대와 여전히 비례 관계에 있다. 최근의 한 종합적 평가는 이렇게 결론 내리고 있다. "환경 재앙을 초래할 정도의 환경 압력과 경제성장이 서로 별개라고 보는 관점을 뒷받침하는 경험적 증거는 나오지 않고 있을 뿐만 아니라, 아마도 더 중요한 점일 텐데, 그 둘을 별개의 사안으로 보는 것은 미래에도 가능하지 않아 보인다." [11]

성장의 리듬

우리는 성장의 리듬 세 가지를 별개로 인식한다. 그것은 순환적 리듬, 영속적 리듬, 복률적複率的compound 리듬이다. 생물학적 성장은 순환적이다. 씨앗은 나무로 자라고, 유아는 성인으로 자라난다. 특정 시점에 개별 유기체는 성장을 멈추고, 그 뒤 죽고 썩어가고, 바로 그 시간에 다른 유기체는 자라나기 시작한다. 개별 유기체들의 삶의 사이클은 숲, 가족, 도시 같은 더 큰 시스템에 결합되어 있고, 이 시스템들 안에서 다른 요소들은 생물학적 과정과 상호작용하여 각기 다른 팽창과 쇠퇴의 과정을 빚어낸다. 이례적인 성장도 발생한다. 즉, 자기증식적 암세포들은 종양을 만들어내고, 침략적인 식물과 동물들은 다른 이들을 잠식하며, 바이러스들은 숙주 안에서 급증하면서 단 수일 만에 감염병 확산을 2배로 늘린다. 그러나 이러한 분출들은 성장을 더디게 하거나 멈추게 하는 조건들을 결국 만나게 된다. 암세포는 죽고, 변형된 서식지는 살 수 없는 곳이 되고, 사람들은 바이러스에 대한 면역 능력을 형성하게 되는 것이다.

무한정 성장할 수 있는 건 없다는 이 명명백백한 이치는 20세기 내내 무시되고 외면받았다. 20세기는 영속적 성장을 향한 욕망이 경제학에서 그리고 정치적 이데올로기들 전반에서 일종의 지도적 힘이 된 세기였다. 기업, 은행, 경제학자와 각국 정부들이 개발한 운영 전략들은 계속해서 증가하기만 하는 이윤과 GDP에 의존하는 것이었다. 어린이들이 자라나 자신들의 부모들을 대체하게 되는 (생물학적) 사이클은 이제 신세대가 구세대보다 더 많이 벌고 더 많이 소비하리라고 기대되는 궤도가 되고 말았다. 이러한 과정들에 참여한 이들은 영속적 성장을 자연스럽고 옳은 것으로 받아들이게 되었다.

그러나 영속적인 성장이란 전혀 자연스럽지 않다. 나무는 '잭과 콩나무' 이야기에서처럼 하늘을 찌르는 정도로는 자라지 않으며, 인간의 태아는 거인으로는 자라지 않는다. 인간의 마을 중 일부는 도시가 되고 제국이 되었고, 그러는 사이 총·1인당 물질·에너지 사용량은 증대했다. 그러나 장기적 관점에서 보면, 사이클을 이루는 상승과 하강의 운동은 늘 일정한 균형을 이루었고, 바로 이 균형 속에서 지구상 인류사회의 총 대사량total metabolism은 99% 인류사에서 미량이 증가했을 뿐이다. 고고학적 기록은 헤아릴 수 없이 많은 인간 집단들이 수천 년에 걸쳐 상대적으로 안정적인 상태로 삶을 지속했음을 보여준다. 심지어 우리 시대에도 안다만 제도Andaman Islands 3 주민들부터 !쿵족!Kung San People 4까지 많은 집단들이 사회적 대사활동을 현저히 적게 수행하며 살아가고 있다. 12 그러나 로마, 마야, 잉카 제국에서와 같은 이례적 팽창의 스릴을 자극적으로 선동하면서도, 다른 한편으로는 훨씬 더 보편적이며 안정적인 상태에 대해서는 침묵을 고집하는 대중 매체, 박물관, 역사책에 의해 사회화된 시민들에게, 영속적 성장은 이

---

3 미얀마에서 상대적으로 가까운 곳에 있다.

4 아프리카 남부 칼라하리 사막 왼쪽 편에 주로 거주하는 부족.

제 상식이 되고 말았다.

지난 세기 들어서 유럽 식민주의와 더불어 시작되었던 성장의 시대는 전례 없는 전기를 맞이하게 된다. 글로벌 GDP, 자원 사용량, 폐기물 발생량, 배출물의 증가가 '복률적'이라고 하는 수준으로 가속화되면서 일어난 일이었다. 환상적인 복률성장률이 무엇인지 이해하려면 전설을 곁들인 설명이 필요하다. 체스를 발명한 남자에게, 원하는 게 무엇인지 (체스에 환호한) 인도의 왕이 물었다. 그러자 그 발명가는 언뜻 소박하게 여겨지는 보상금을 요구했다. 첫 번째 정사각형 체스판에 쌀알 1톨을, 그리고 두 번째 판에는 2톨을, 세 번째 판에는 4톨을 요구했고, 이런 식으로 매회 2배 더 많이 달라고 했다. 64 번째 판에 이르면, 왕은 1,800경(1,800만 조) 톨이 넘는 쌀알을 내놓아야만 했다.

이 이야기에는 여러 버전이 있는데, 어떤 버전에서 이 발명가는 고위 자문직으로 임명되는가 하면, 다른 버전에서는 머리가 잘리고 만다. 우리 시대에 이 전설적인 발명가는 연간 성장률 3%를 적극적으로 이야기하는 고위 경제관료일 수도 있다. 연간 성장률 3%는 24년마다 경제 규모를 2배로 늘리고, 48년마다 4배로 늘리며, 100년 안에 16배로 늘리는 성장률이다. 하지만 오늘날 경제관료는 쌀알이 아니라 이미 매년 920억 톤의 물질을 지구에서 뽑아

내는 글로벌 경제를 취급한다. 13

       복률 성장의 경이로운 분출은 역설적인 반응을 유발했다. 많은 논객들이 하나의 역사 시대가 끝났다고 선언했는데, 지구 한계선 침해, 값싼 자원의 고갈, 그와 동시에 발생한 여러 충돌들이 성장 체제 자체를 되돌이킬 수 없을 정도로 불안정하게 만들었기 때문이었다. 반면, 수많은 열성 정치인들과 기업인들은 지금도 복률 성장이 계속되기를 희망하며 복률 성장을 위한 계획을 짜고 있다.

상식

영속적 성장과 복률 성장은 유한한 지구 안에서 비상식적인 것으로 보이지만, 많은 이들에게는 지극히 상식적인 개념들이다. 매년 더 많이 팔려고 애쓰는 영업 사원들과 더 많은 논문을 출판하려고 애쓰는 학자들과 과거에 없던 크기의 TV를 사려고 하는 소비자들과 사업 확장을 도모하는 사업자들 사이에서, 잘 산다는 것이 더 많이 만들고 더 많이 소비하는 것을 의미한다는 가정은 거의 의문시되지 않는다.

       '상식common sense'이라는 용어에 대한 일반적 정의는 '온당한 판단 실행'이다. 이 책에서 우리는, 사회화와 실천을 통해 실체를 획득하고, 특정 판단이 온당하고 다른 것은 온당하지 않다고 여기도록 분위기를 조성하는 지식, 가치, 가정의 역사적 융합체를 탐구한다. 상식은 왕왕 현재의 삶의 방식을 자연스럽고 논리적인 것처럼 보이게 함으로써 기성 질서를 보호하는 데 기여한다. 관습적인 믿음을 자명한 진리로 표현하는 이데올로기들은 그것에 대해 비판적 의문을 제기한다는 것 자체를 생각할 수조차 없는 것(비윤리적이고 비애국적인 것)으로 만들어버린다.

　　　역사적 위기 시대의 한 가지 위안은, 그 위기가 기성의 진리를 불안정한 것으로 만든다는 것, 대전환의 가능성을 창출하는 잠재력을 지닌다는 것이다. 불안의 시대에는 공존하는 상식들을 끌어다 쓰는 방식마저도 종종 바뀐다. 가령 현재의 위기들 속에서는 개인적 성취, 경쟁, 지배 같은, 시장에서 무르익은 상식과 기독교적 가르침 속에서 오랜 세월에 걸쳐 정립된 겸손, 자선, 자비 같은 상식(프란치스코 교황의 회칙 《우리 공동의 집에 대한 돌봄에 대하여》에서 강조된 바 있다) 사이의 긴장이 의사결정 과정에서 수면으로 떠오를 수도 있다. 14

　　　오늘날과 같은 동요의 시대에, 경제성장에 관한 상식들 사이에 난 틈으로 어떻게 하면 빛을 비출 수 있을까? 무한한 경제성장을 향한 돌진이나 이웃을 제치고 나아가는 행동을 정당화하는 판단을 어떻게 하면 문제시할 수 있을까?

　　　탈성장론은, 경제성장 추구의 동력이 자연스러운 인간의 본능이라는 통상적 확신을 뒤흔들고자 한다. 강력한 문화적·과학적 서사들이 인간으로 하여금 경제적 확장을 향해 나아가도록 하는 것이 진화라고 이야기한다. "인간은 언제나 더 많은 것을 원하도록 유전적으로 프로그램화되어 있다." "다른 사람들이 원하는 것들을 사람들이 자유롭게 발명할 때, 자연스럽게 경제성장이 그 결과로서 나타난다." "경제성장을 멈춘다는 것은 무도한 짓일 뿐만 아니라 인간의 본성에 반하는 것이다." 이러한 상식들은 '이기적 유전자' 같은 신화에 의존하는데, 이 신화는 우리 각자가 자원에 대한 사적 지배를 갈망하는 것은 당연하다거나 커먼스를 향한 그 어떤 시도든 비극으로 끝날 것이 자명하다고 생각하게 한다. 선천적으로 합리적인 인간이자 언제나 개인적 이익을 위해 효용성을 최대로 살리는 호모 이코노미쿠스Homo economicus, 스스로를 규제하고 관리하는 시장이라는 픽션도 비슷한 종류의 강력한 신화의 주인공들에 해당한다. 경제성장 촉진적 행동방식이란 천성에 의한 것이며, 따라서 토를 달 수 없는 것이라는 시각은 변화의 추진력을 마비시킨다. 그렇지만 당연히 우리는, 공공선으로 가는 자연스러운 경로에 서로 무자비하게 경쟁하는 이기적이고 탐욕적인 개인들이 있기 마련이라는 생각에 충분히 의문을 제기할 수 있다!

모든 사람이 '남보다 앞섬'으로써 만족을 찾을 수 있다는 생각은 어떻게 합리적인 생각이 되었던 걸까? 사람들은 경제학자들이 '지위재positional goods'라고 부르는 것(맥락에 따라서, 명품 의류, 더 큰 주택, 해외에서 보내는 휴가 등)을 과시적으로 소비함으로써 남들보다 앞서 나가는 것에서 자신들의 성공을 확인한다. 경제성장은 지위재를 통해서는 결코 모든 이들에게 만족을 제공할 수 없는데, 그 지위재의 가치가 제한된 접근성 그 자체에서 나오기 때문이다. 만일 모든 사람이 페라리Ferrari를 소유한다면, 럭셔리 자동차는 스쿠터와 동급의 상징이 될 것이고, 이렇게 되면 남들보다 앞서 나가는 더 값비싼 방식에 대한 요구가 나타날 것이다. 가장 비극적으로는, 남들보다 앞서 나감이라는 행위에는 남들을 뒤서게 함이 필요하며, 이 행위는 (위에서 언급한 숱한 사례에서 잘 드러나듯) 사회 전체의 복리福利를 갉아먹는 불평등을 야기한다.

남들보다 앞서려는 개인의 분투가 타당하다고 보는 도덕적 판단은 공공선을 위한 상호부조, 호혜, 공유자원 관리를 지지하는 도덕적 판단과 충돌한다. 탈성장론은 "탐욕은 자연스러운 것", "더 많은 것이 더 좋은 것"에 반대한다. 동시에 세계 곳곳의 오래된 문화·종교 전통이 진흥하는, 이를테면 "더 많은 공유와 더 적은 결핍", "만족할 줄 알자" 같은 상식들을 살려내자고 요청한다.

커먼스와 커머닝

경제성장 쪽으로 설계된 것이 아닌 좋은 삶을 만들어내려면 이제까지와는 다른 종류의 사람 관계, 사람과 자연환경의 관계가 필요하다. 3장에서 우리는, 자원을 관리하고 공유하는 활력 넘치는 시스템인 커먼스commons를 통해서 밝은 미래를 열고 있는 새로운 시도들을 탐구한다. 커먼스에는 여러 형태가 있는데, 산림, 어장, 도시 공간, 디지털 도구, 지식, 테크놀로지, 음악 공연 목록 등이 그런 것들이다. 커머닝이란 사람들이 의사소통, 규제, 상호 지원, 갈등 조정, 실험을 통해서 서로 협동하며 공유 자원을 만들어내고 유지하고 향유하는 과정을 말한다.

자원(땅, 물, 의료, 문화적 지식, 공공 공간 등)을 사유화·상품화하려는 시도에 대항하면서 커먼스 복원 운동들은 인간 공동체들이 더 많은 통제력을 가져야 한다고 줄곧 옹호하고 요구해왔다. 지역의 소규모 단위에서 공유된 거버넌스 모델을 만들고 실천하는 행동은, 공기와 물과 살 수 있는 지구 같은 글로벌 커먼스의 관리라는 더 큰 규모의 과제를 수행할 능력을 만들어낸다.

　　　인간이 생존을 위해 의존하는 것은 커먼스의 물질적 구성요소(청정수, 어류, 비옥한 토양, 디지털 도구, 의료, 아동돌봄 등)만은 아니다. 그것은 인간이 자신들과 자신들의 세계를 (재)생산하고 관리하는 방식인 사회문화 체제이기도 하다. 언어, 지식, 종교, 친족kinship 체제 같은 여러 체제 말이다. 호모 사피엔스는 저 홀로 생존하지 않는다. 우리 인간의 고유한 장점은 우리로 하여금 협동을 통해 이러한 커먼스 체제들을 생산하고 유지하고 변용할 수 있게 하는 상징적 사고·의사소통의 능력에서 발원한다.

탈성장

탈성장(성장 지양, 적정 성장)의 사유와 실천은 분리 불가능한 두 개의 최전선들에서 역사 과정에 개입하고자 분투한다. 물질 사용량·시장 거래량 증대를 억지抑止하는 것, 그리고 경제성장 없이도 잘 살도록 새로운 개인, 관계, 제도를 건설하는 것. 탈성장은 타인들과 인간 외 존재들에 대한 가해를 최소화하는 방식으로 속도를 늦추자고 요청한다. 탈성장은 사람들의 시간과 에너지를 해방하고자 한다. 고통과 슬픔에서 탈출하기 위해 더 많이 일하고 더 많이 구매하기보다는, 자신의 삶이 너무나도 약하다는 현실 앞에서 절망적으로 삶의 의미를 찾으려 하기보다는, 삶의 여정이 관용과 자비, 자기와 타자를 돌보는 행위에 소용되도록 말이다. 탈성장은 사유재산 강제 몰수가 아니다. 탈성장은 모든 사람이 자존감을 지닌 채, 두려움 없이 살아가도록 충분히 안전을 보장하겠다는 포부이고, 우정과 사랑과 건강을 경험하겠다는 포부이며, 돌봄 받을 수 있고 돌볼 수 있는 상태에 있겠다는 포부이고, 여가생활과 자연을 향유하겠다는 포부이다.

탈성장은 단일한 이론이나 행동 계획을 주장하지 않는다. 놀라울 정도로 다채로운 사상가·활동가로 구성된 네트워크가 다채로운 사업들을 실험하고 있고, 탈성장 사회가 무엇이며, 각기 다른 상황과 맥락에서 어떤 형태가 될 수 있고 되어야 하는지, 여러 주제를 두고 건실한 논쟁을 벌이고 있다. 탈성장 진영의 분석들은 경제성장으로 인해 초래된 해로운 결과를 고발한다. 다른 한편으로, 탈성장의 이상은 생산주의자의 야망과 소비주의자의 정체성을 공유하고 안분지족安分知足하는 즐거움conviviality과 번영thriving을 특징으로 하는 좋은 삶에 관한 (새로운) 비전으로 바꾸자고 요구한다.

1970년대, 일부 프랑스 사상가들은 데크로상스

décroissance 5에 관해 말하고 쓰기 시작했다. 그리고 21세기의 여명기에 이 사상은 정치적 논쟁을 점화했고, 다양한 지역사회 사업을 활성화했다. 학문적 관심이 집중되었고, 이러한 흐름은 탈성장에 관한 컨퍼런스, 십수 권의 책, 수백 편의 논문으로 이어졌다. 15

　　　'탈성장(성장 지양/적정 성장)Degrowth'이라는 용어 자체는 유럽에서 발판을 확보했지만, 이 이름이 지시하는 실천과 이론은 남미(부엔 비브르)와 인도(스와라지), 남아프리카공화국(우분투) (몇몇 예시일 뿐이다) 등지의 오래된 또는 새롭게 부상하고 있는 전통들에 기대고 있거나 그것들과 연관돼 있다. 16 세계 도처에서 개인들과 집단들이 자신들의 영토와 삶을 침략한 경제성장형 사업들에 지금도 저항을 지속하고 있다. 또한 경제성장에서 이탈하는 경로 가운데 오래된 것은 보존하고 새로운 것은 버리기 위해 분투하고 있다. 지금도 계속되고 있는 대화들은 이러한 경로들 사이의 연관성과 모순이 무엇인지를 탐구하고 있다. 17

　　　당대적 혁신과 전승된 옛 지혜와의 교류는 예컨대 국민총행복Gross National Happiness을 만들어내려는 부탄 정부의 의지에서 입증된다. 국민총행복의 지향점은 GDP

5　규모의 축소를 뜻한다.

성장이 아니라 의미의 충족, 불교의 영적 가치들과의 조화라는 목표를 성취함이다. [18] 같은 맥락에서, 단순한 공동체적 생활simple communal life이라는 수천 년 된 기독교 전통들은 지금, 영적 성숙을 위한 공동 생활을 선호하며 소비주의를 회피하는 젊은 복음주의자들evangelicals의 신-수도원 공동체, [19] 온전한 생태학integral ecology으로 발본적으로 전환하라는 프란치스코 교황의 요청에 부응하는 중남미의 이상주의자들 같은 집단의 형태로 부활하고 있다. [20]

역사적 대전환들

경제성장의 부정적 결과를 보여주는 과학적 사실과 주장들의 영향력은 왜 그토록 미미한 걸까? 한 가지 한계점은, 개인의 이성에 호소하는 과학 담론에서는 사회문화 시스템의 힘이 간과된다는 점이다. 확장주의적 실천과정에 얼마나 참여할지를 조율하는 사람들의 능력과 의지 그 자체를 빚어내는 사회문화 시스템의 힘 말이다. 현재의 사고·실천 방식이 어떻게 나타났고 지배력을 보유하게 되었는지를 이해하게 된다면, 변혁 전략과 동기는 강력해질 수 있다.

칼 폴라니Karl Polanyi는 이제는 고전이 된 역사책《거대한 전환The Great Transformation》에서 17세기 영국에서 기존의 친족·종교·도덕·생산 시스템을 시장과 돈에 의해 지배되는 신세계를 향해 리셋하는 요소들이 작동하기 시작했다고 쓰고 있다. 21 다른 것들 가운데에서도 바로 이러한 실천과정들이 자기의 노동력을 판매하고 필수재를 구매하도록 사회화된 노동자 계급을 만들어냈다. 인류 대부분이 자신들의 가족과 마을을 재생산하도록 사회화되었던, 수천 년 지속된 전통에 반하여, 사람들은 자신들의 노동력을 판매하도록 괴롭힘을 당해야만 했다. 커먼스 인클로저enclosure는 전통적 살림살이를 지속시키는 능력을 아래에서부터 뒤흔들었고, 이러한 현상은 남녀 · 인종으로 구별된 새로운 종류의 사람들을 제조하는 작업과 병행되었다.

인종주의적 이데올로기들과 제도들의 정립은 자기 확장적 경제체제들에 도구로 작용했다. 이 경제체제들 안에서 인종(민족)적 · 식민적 위계질서는 젠더 질서와 맞물리며 남을 위해 이윤을 생산하는 짐 나르는 짐승들 beasts of burden 6을 만들어냈다. 수백 년간, 과학적 담론들은 특정 집단을 열등한 사람들로 규정하고, 그들의 노동을 착취하는 행위를 정당화하며, 그들 자신의 (재)생산 수단을 박탈하는 데 사용되었다. 이 모든 것들이 이윤의 성장을 위

6   피식민 국가, 경제적 종속 국가의 농민들과 노동자들을 말한다.

해 필요한 불평등한 교환을 아래에서 지탱했다. 개인의 권리와 기회를 강조하며 세대를 타고 이어지는 젠더·인종 위계질서에 도전하려는 시도는 중요하다. 하지만 정체성, 관계, 세계관이 (재)생산되는 사회문화 시스템들에 대한 관심을 생략한 채, 개인에게 힘을 싣는 행동은 변혁적인 성격이 거의 없다.

글로벌 경제 성장을 낳은 역사적 복합체의 여러 특징 가운데에서 개인주의는 가장 깊이 내면화된 특징이자 가장 문제시하기 어려운 특징이다. 개인주의적 제도들은 특정한 권리, 자유, 평등을 진작하는 데 일정한 역할을 수행했다. 공유된 행복의 지속에 필요한 (그들의) 문화, 자원, 영토를 스스로 관리할 권리라는 기반을 포함하여 타자의 기반을 뒤흔드는 데 그 제도들이 수행했던 역할을, 개인주의의 이러한 긍정적 역할과 어떻게 구분할 수 있을까?

미국과 유럽 국가들의 경우, 1인 가정이 가장 보편적인 유형의 가정이 되었는가 하면, 가정 전체의 평균 사이즈는 2~2.5명으로 축소되고 말았다. 22 개인성과 취향, 사적 가정을 통한 성공의 표현은 경제성장에 지대한 도움이 된다. 더 많은 주택과 아파트를 건설하는 동력이 되기 때문이고, 그럴 때 가구, 냉장고, 난방 시스템, 텔레비전 등도 더 많이 생산되기 때문이다. 이러한 추세는 게걸스러울 정도로 비효율적인 물질·에너지 사용을 부추기지만, 그것에 못지않게 골치 아픈 결과가 일상에서 겪는 외로움으로 인해 초래되고 있다. 사람들은 공동생활, 안분자연安分自然 속에서 빵을 나누는 행위, 가정과 서로에 대한 협동적 돌봄이 주는 일상의 기쁨과 수고로움으로부터 격절되었고, 그에 따라 경쟁적 부의 과시와 소비를 통한 정체성·의미·즐거움 찾기에 쉽게 매혹되는 상태가 되고 말았다. 이 책은 커먼스를 되찾고 동시에 우리 자신과 우리의 관계들을 재발명하는 경로로서, 오래되고 새로운 형태의 공동의 삶, 협동적 필수재 공급을 논한다.

2장

경제성장의
희생물

경제성장에 소요되는 비용은 일정 수준을 넘어서면 믿기 힘들 정도로 치솟는다. 현 조건에서는 CO_2 배출이 조금만 늘어나도 파국적인 기후변동이 일어나고 말 것이다. 1 사회적 한계 또한 부채, 불평등 그리고 금융 위기를 수반하는 경제 확장으로 무너지고 있다. 경제학자와 정치인들은 더 많은 경제성장을 압박함으로써 이러한 질병에 대응한다. 반면 우리는 경제성장 자체를 문제로 바라보며, 경제성장 추구에 따른 희생이 더는 견딜 수 없는 지경에 이르렀다고 주장한다.

복률 성장의 광기

정책입안자, 사업가, 생활인들 사이에서 경제가 복률로 성장[7] 해야 한다는 것은 상식에 속한다. 급여가 매년 3%씩 올

---

7 여기서 '복률 성장'은 '연평균복합성장률Compound Annual Growth Rate, CAGR'을 뜻한다. 연간성장률에 단순히 연수年數를 곱한 단순성장률과 달리, 연평균복합성장률은 여러 해 동안의 성장률을 (복리複利 효과를 반영하는 기하평균을 이용해) 연간성장률로 환산한 값이다. 즉, 얼마나 성장했느냐가 아니라 특정 기간 안에 성장률이 얼마나 지속적인지를 알 수 있게 하는 가늠자이다. 자본주의 경제의 확장에 핵심적인 복리 효과를 실제로 반영한 성장률이라는 점에서 자본주의 기업가에게 중요하다.

라간다면, 대체로 당연하고 일리 있다 여길 것이다. 그러나 GDP가 꾸준히 이 비율로 성장한다면, 입이 떡 벌어지게 된다. 1장에서 지적했듯, 연간 3% 성장은 24년마다 경제를 2배로 늘리며, 체스 발명가 이야기에서처럼 급속히 엄청난 크기로 만든다(그림 1).

경제학자들은 일정한 GDP 성장을, 심지어 3% 수준에 머무는 성장도 '안정 유지 상태steady-state' 성장률이라 부르라고 배운다. 3%만으로도 놀라운 가속화를 유발하는데 말이다. 합리적이라고 자부하는 문명이라면 어떻게 무한히 거대해지는 경제라는 미친 생각에 의존할 수 있을까? 미래의 고고학자에게 이러한 경제성장 강박은 황소로 변신해 성행위를 하는 올림포스 산의 열두 신을 숭배하던 그리스인들만큼이나 괴상하게 보이고, 아스텍 피라미드에서 희생제물이 된 수십만 명의 인간보다도 위태롭게 느껴질 것이다.

이런 의문을 제기할 수도 있을 것이다. 도시에

그림 1. 기하급수적 복률 성장

출처: G. Kallis, Degrowth, London: Agenda Publishing, 2018. 허락을 받아 사용함.

더 많은 자전거가 필요하지 않다는 말인가? 농촌에 더 많은 식수가 필요하지 않다는 말인가? 이러한 성장은 좋지 않은가? 생산 활동의 단순 확장과, 경제 시스템의 영속적 성장은 구별할 필요가 있다. 모든 인구 집단의 역사적 궤적을 보면, 참으로 다양한 재화와 서비스의 생산량이 늘었다가 줄었다가를 반복했음을 확인할 수 있다. 하지만 어떠한 생산 활동도 복률로 무한히 성장할 수는 없고, 사람들은 이것을 원하지도 않는다. 자전거가 무수히 많다고 도시에 득이 되는 것은 아니며, 끝없이 흘러넘치는 강물에 휩쓸리길 바라는 농촌 주민도 존재하지 않는다. 이런 식의 영속적 성장은 지구 자원을 고갈시킬 뿐이다.

현재의 제도 환경 속에서 무한히 성장할 능력이 있는 것처럼 보이는 것은 화폐다. 데이비드 하비David Harvey는 금이나 여타 물적 토대의 구속이 없다면, 세계 화폐 공급은 순전히 숫자의 문제가 되고 통제에서 벗어나 악무한에 빠짐으로써 가치 하락과 파괴 외에는 다른 결말이 없을 것이라고 주장한다. 2 수천 년간 인간 사회는 화폐와 관련해 상징적 시스템을 운영해왔다. 화폐는 그 추상성 덕분에 쉽게 증식될 수 있었지만, 화폐 시스템이 작동하기 위해 반드시 경제성장이 필요한 것은 아니다. 메소포타미아, 왕조시대 중국, 고전 그리스 같은 과거 문명들은 화폐 영역을 일정하게 묶어 두었다. 3 반면, 지난 몇 세기에 걸쳐 수립된 사회경제 시스템은 더욱더 많은 화폐를 만들어내기 위해 화폐를 끊임없이 재투자하도록 유도하고 장려했다.

무한 성장 추구라는 점에서 유례가 없는 작금의 역사적 시대는 500년 전에 유럽의 식민주의, 자본, 인종주의가 융합하며 확장되는 가운데 태동했다. 이 융합체는 인간-인간, 인간-자연 사이에 새로운 지배 패턴을 구축했다. 경제성장을 촉진하는 공통의 역사적·문화적 뿌리가 20세기에 자본주의, 사회주의, 공산주의라는 이름의 경로들로 갈라진 각 사회들에 계속 영향을 미치고 있다. 1958년 니키타 흐루쇼프Nikita Khrushchev 치하 소련은 경제성장 목표(그것도 10년 안에 150% 성장하겠다는)를 공표한 사실상 첫 번째 국가가 됐다. 4

복률 성장을 추구하는 모든 사회는 동일한 비이성적 무한성과 씨름한다. 하지만 희생과 피해가 늘어나는 상황에서 다양한 정치경제 시스템은 서로 다른 적응 가능성을 보여준다. 다른 경제들과 달리 자본주의 경제는 성장에 의존한다. 시장 경쟁 속에서 번영을 이루기 위해서는 화폐 보유자들이 화폐를 투자해야 하고, 더 많은 화폐를 벌어들여야 하며, 따라서 생산을 확대해야 한다. 성장 없는 자본주의도 불가능한 것은 아니다. 정체된, 심지어는 축소된 경제체제에서도 일부 기업과 개인은 계속 이윤을 획득할 수 있을 것이다. 그러나 이것은 결코 바람직하거나 신뢰할 만한 시나리오는 아니다. 일단 파이가 성장하길 멈추면, 누구도 남을 희생시키지 않고는 자기 몫의 성장을 이룰 수 없다. 자기 몫이 점점 줄어드는 이들은 그만큼 절망을 표현하게 되고, 그러면 거대 권력자들은 재분배 요구를 짓밟고 나설 것이다. 경제성장은 자본주의 시스템 안에서 질서와 안정성을 유지하는 데 유용하고, 따라서 이 시스템 안의 정부는 보수파이든 진보파이든 경제성장을 추구하기 마련이다. 그 비용이 심대해도 전혀 아랑곳하지 않고 말이다.

경제성장 추구는 부채, 불평등, 금융 위기를 낳는다

복률 성장은 지구가 유한하다는 점 때문만이 아니라, 경제성장을 이루려면 더 많은 희생이 필요하고 희생의 규모 역시 점점 더 거대해진다는 점 때문에도 지속가능하지 않다. 20세기 중반의 경제성장이 1970년대 들어 정체되기 시작한 이래, 각국 정부는 임금 인상을 제한하고 복지 혜택과 공공 서비스를 감축하고 노동조합과 노동 기준을 약화시키는 식으로 생산 비용을 줄이려고 시도했다. 동시에 이들은 가계 담보대출과 학자금 융자 같은 메커니즘을 통해 노동자들에게 신용 구매를 장려함으로써 소비를 촉진했다.

1980년대부터 영국, 미국 그리고 그 밖의 국가들은 부유층을 위한 경제성장을 재점화하기 위해 고안된 신자유주의 개혁을 통해 경제를 공격적으로 재설계하면서 나머지 계층에게는 '낙수trickle down 효과'[8]를 통한 번영을 약속했다. 신자유주의 정책들은 시장을 성가신 구속에서 해방한다고 표방했지만, 실은 자유방임주의일 뿐이었다. 이 정책들을 통해 다양한 수준에서 규제·조세·공공 지출의 방향이 바뀌었다. [5] 이러한 새로운 게임 규칙은 노동과 자원 뽑아먹기의 양적 성장, 시장 소비의 성장 그리고 GDP 성장을 유지하는 데 도움을 주었다.

각국 정부는 또한 성과를 부유층에게 유리하게 재분배함으로써 국내·국가 간 불평등을 확대했다. 미국에서는 GDP가 3배 성장했음에도 40년간 평균임금의 구매력이 전혀 늘지 않았다. [6] 경제학자 줄리엣 쇼어Juliet Schor는 이 기간의 소비 증가와, 개인 부채와 평균 유급노동시간의 매우 가파른 증가 사이에 상관관계가 있다고 지적했다. [7] 이러한 추세는 인간 관계와 주체성마저 변형했고, 그로써 채무자들 사이에서 우울증 발생이 늘어나는 것과 같은 결과를 낳았다. [8] 고약한 아이러니는 GDP를 단기간에 부양

---

8 대기업의 성장을 장려할 경우 중장기적으로 중소기업과 소비자들도 얻게 된다고 하는 긍정적인 결과를 가리킨다. 'trickle down'은 '아래로 흘러 내림(낙수洛水)'을 뜻한다.

하는 과정에서 개인과 가족이 겪어야 했던 행복의 희생 자체가 세대를 이어 거시경제적 성장을 지속시킬 수 없음을 입증하고 있다는 것이다.

부채를 통한 경제성장은 전형적인 악순환으로 나타난다. 각국 경제는 성장을 위해 빚을 진 다음에는 이 빚을 갚기 위해 성장해야만 하는 처지가 된다. 전 세계 부채는 2018년 1/4분기에 24경 7,000조 달러라는 기록적 수치에 이르렀고, 이 수치는 매년 11.1% 증가하고 있다. [9] 최빈국들의 부채 상환액은 2010년 이후 곱절로 늘어났다. [10] IMF와 세계은행 같은 국제기구들은 채무국 정부들에게 세입 증대를 위해 고안된 구조조정 프로그램을 권고하는데, 그 주된 내용은 자신의 몸집을 불리기 위해서 값싼 노동과 자원을 찾아다니는 글로벌 대기업들의 투자를 유치하는 것이다.

글로벌 금융 위기는 성장 가속화의 토대가 취약함을 만천하에 드러냈다. 부실 담보대출을 은폐하던 파생상품 [9] 구조가 2007년에 붕괴하자 미국 정부는 대규모

---

9 기초자산(underlying asset)의 가치 변동을 바탕으로 파생된 금융상품을 말한다. 여기서 말하는 기초자산에는 주식, 채권, 곡물 같은 농산물, 원자재, 석유, 금 같은 실재 자산뿐만 아니라 날씨나 주가지수 같은 추상적 개념의 자산도 (거래 상대만 있다면) 포함될 수 있다. 파생상품의 대표적인 예는 선물, 선도, 스왑 계약, 옵션 계약이다.

금융기관 구제 조치로 이에 대응했다. 그러나 세계 도처의 광범위한 고통, 혼란, 갈등을 막지는 못했다. 논객과 언론들은 2008년-2010년 위기가 경제성장이 흔들린 결과라 포장했지만, 우리가 보기에 그 근원은 경제성장이 불가능한 상황에서 그것을 추구한 데 있다. 금융 위기 이전에 더 큰 GDP 성장을 보인 국가일수록 위기 중에 더 큰 피해와 쇠퇴를 겪었다. 11 예컨대, 4% 넘는 경제성장 실적을 보여 2008년 이전에는 IMF의 찬사를 받았던 그리스와 아일랜드의 경제는 더 많이 성장하지 못해서가 아니라 성장을 위해 공공 부채와 개인 부채에 너무 기댔던 탓에 붕괴하고 말았다.

경제성장을 지탱하려는 근시안적 시도

일본, 이탈리아 같은 경우 성장률이 거의 제로로 떨어질 정도로 각국 경제의 성장 속도가 느려졌다. 그러자 각국 정부와 중앙은행들은 돈을 은행에 퍼붓고 공공 지출을 삭감하는 것으로 사태에 대응했다. 이 두 조치가 초래한 부정적 결과는 (사회적으로) 균등하지 않고, 오래 지속되고 있다.

2009년-2019년 유럽중앙은행은 은행들에 거의 2조 6,000억 유로를 쏟아부었고, 미국은 4조 유로 넘게 퍼부었다. 미국의 경우, 이 규모는 제2차 세계대전 당시의 전쟁 예산에 맞먹는 것이었다. 12 금리 인하와 동시에 추진된 이러한 '양적 완화quantitative easing'(중앙은행이 새로 창출한 준비금을 사용해 채권과 여타 자산을 매입하는 방식으로 시장에 추가 자금을 주입하는 것)의 목적은 추가 유동성을 창출함으로써 투자와 융자를 촉진해 가계와 경제가 버텨나가도록 만드는 것이다. 남아도는 돈의 일부는 결국 투기로 몰려 상품 시장, 주거 시장과 그 밖의 시장을 병들게 했고, 기아와 노숙자 양산 같은 파괴적 결과를 낳았다.

　　사스키아 사센Saskia Sassen은 부동산 시장의 추세가 민주주의와 시민권에 어떤 불길한 결과를 유발했는지 지적한다. 13 첫 번째는 초대형 건설 프로젝트의 증가, 대기업과 외국인의 건물 구입액 증가였다(전 세계 100개 도시에서 2013년 중반부터 2014년 중반까지 대기업의 기존 부동산 구입액은 6,000억 달러 이상이었고, 1년 뒤에는 1조 달러에 이르렀다). 두 번째는 중위소득 가구가 소유한, 그리 비싸지도 않은 부동산의 압류가 파국적인 수준에 이르렀다는 것이다(미국 연방준비위 데이터에 따르면, 2006년-2014년 미국에서는 1,400만 이상의 자가 보유자가 집을 잃었다).

　　주택 가격 상승 때문에 수많은 거주자가 집과 도시를 떠나지 않을 수 없었고, 출퇴근에 기나긴 시간을 보내길 무릅쓰든가 아니면 일자리를 잃어야 했다. 2008

년-2014년 외국인이 1,000억 파운드의 부동산을 사들인 런던과 14 시민 중 억만장자 비율이 가장 높은 도시이면서 도 노숙자들의 배설물이 넘쳐나는 도시인 샌프란시스코에 서는 15 급속한 경제성장 속에서도 무주택자의 비명이 울 려 퍼졌다.

경제성장에 의존해왔던 각국 정부는 예기치 못 한 침체에 직면하자 긴축재정 조치를 실시했다. 보건 · 교육 · 복지 · 자연환경 · 급여 등의 영역에서 지출을 삭감한 것 이다. 적자는 억제하면서도 부채 상환을 위해서는 돈을 마 음껏 푸는 환경 속에서 이런 식의 예산 삭감은 각국의 가 장 중요한 자원, 즉 인간의 행복한 삶과 활력을 훼손한다.

UN 보고서에 따르면, 세계 경제 순위 5위이자 글로벌 금융 중심지인 영국에서 긴축에 따른 예산 삭감은 1,400만 명을 빈곤으로 내몰았고, 정신 건강, 아동 빈곤 문 제와 관련된 증대한 사회적 필요에 대한 국가 대응 능력을 손상했다. 16 유럽 의료 시스템의 예산 삭감은 감염 질환과 자살을 증가시켰고, 17 그로 인해 부자 국가들은 막강한 자 원을 보유한 상태에서도 유행병에 대비할 수 없었다. 페미 니스트들은 돌봄 위기의 심화를 정확히 비판하고 있는데, 한 가족 내 모든 성인이 각기 긴 시간을 노동에 쏟아부어 야 할 뿐만 아니라 아동, 노인, 병자, 가정을 돌보며 급여를 받는 노동자들은 성별·민족-인종·지리적 위계 속에서 착취와 저임금에 시달린다.

2019년 10월 에콰도르의 레닌 모레노Lenin Moreno 대통령은 42억 달러의 차관에 대한 전제조건으로 IMF와 합의한 구조조정 계획을 발표했다. 미리엄 랭Miriam Lang은 이 발표로 일어난 반란을 분석하면서, 에콰도르 GDP를 성장시킬 잠재력을 지닌 대기업들에 최근 약 40억 달러의 감세·면세 조치를 취한 사실을 지적했다. 18 에콰도르 정부가 공표한 긴축 패키지는 오랫동안 실시돼온 연료 보조금을 폐지하고 공공부문 노동자를 위한 혜택을 줄였고, 그에 따라 저소득층에게 타격을 주었다. 노동조합, 선주민, 학생과 그 밖의 집단이 쏟아져 나와 저항하자 정부는 비상사태를 선포하고 수천 명의 병력을 중무장시켜 거리에 투입했다. 12일간의 충돌 끝에 8명이 사망했고, 집계에 따르면 부상자가 1,300명, 구속자가 1,200명이었으며, 긴축 패키지는 결국 철회됐다.

요컨대, 무거운 부채 규모, 긴축의 강요, 식료품 시장과 주택 시장의 미친 듯한 인플레이션은 모두 경제성장을 통해 치유하면 되는 병폐쯤으로 치부되고 있다. 반면 우리는 이것들이 모두 경제성장을 촉진하려는 정책의 결과들이라고 주장한다.

경제성장의 생태적 비용

경제가 성장하려면 자원의 끊임없는 투입이 필요하고, 이러한 사태는 다른 생물 종들과 인간이 공유하는 대지와 물, 대기를 부단히 변형시킨다. 환경 과학자들은 우리 시대에 '거대한 가속화the great acceleration' 시대라는 이름을 붙인다. 전 지구적인 환경 충격이 역사적으로 어떻게 변모했는지를 그래프로 그려보면, 오랜 세월 동안 변화가 없다시피 한 거의 수평선이었다가 (58면의) 그림 1에서 보이는 것처럼 20세기에 들어 충격이 가속화되면서 거의 수직선으로 바뀌는 하키 스틱 모양이 나타난다. 이 모양이 GDP 변화가 그리는 하키 스틱 모양과 유사하다는 점은 결코 우연이 아니다. GDP 가속화가 환경 충격을 가속화시킨 것이다.

석탄을 캐는 광원들은 굴 안에 카나리아를 데리고 들어가곤 한다. 일산화탄소가 너무 많이 누적되면 카나리아가 죽는데, 이것이 바로 광원들에게 굴에서 나가라는 경고 신호다. 어떻게 해야 우리는 우리 시대의 카나리아에 눈을 번쩍 뜰 것인가? 프랑스 시골에서는 지난 50년간 제초제와 그 밖의 요인으로 조류 개체수가 약 1/3 감소했다. [19] 미국에서는 1947년 당시 600만 개로 집계됐던 벌집 군집 중에서 350만 개가 사라졌다. [20] 생물다양성과 생태계 서비스에 대한 2019년 UN 보고서를 작성하기 위해 50

개국 과학자 145명이 15,000건의 과학 연구를 검토했는데, 그 결론은 다음과 같았다. "지구 전체에 걸쳐 자연이 인간 역사에서 전례가 없었던 속도로 위축되고 쇠퇴하고 있다. 또한 멸종 속도가 가속화하고 있고, 이제 이 사태가 전 세계 사람들에게 엄청난 충격을 줄 가능성이 높다." [21] 전 세계 생물다양성 감소는 대규모 산업형 농업, 서식지 파괴와 상호 작용하면서 COVID-19 같은 질병이 더 자주 돌발하게 만든다. [22]

또한 경제성장은 폐기물 성장, 탄소 배출량 성장이기도 하다. 현재 속도대로라면, 2050년에는 바닷속 플라스틱 양이 어류의 양을 초과할 것이다. [23] 기후 붕괴의 결과가 무엇일지 다들 알고 있음에도, 지구 전체의 탄소 배출량 증가율은 1990년대 당시 연간 1%에서 현재 연간 3%로 높아졌다. 2015년 파리협정을 통해 지구 기온 변화를 섭씨 1.5도 이내로 유지하기로 약속한 국가들이 지금은 파국적인 섭씨 4도 상승을 향해 나아가는 중이다. [24]

GDP와 탄소 배출량의 상관관계는 결코 우연한 것이 아니다. 현재와 같은 경제 생산 규모는 화석연료 덕분에 가능한 것이다. 국가간 GDP 차이가 1%이면, CO_2 배출량은 0.6%-1%의 차이를 보인다. [25] 정부간 기후변화협의체IPCC에 따르면, 지구 기온 상승을 섭씨 1.5도 이내로 제한하려면 2030년까지 전 세계 탄소 배출량을 거의 절반으로 줄여야 한다. 이를 위한 현실적인 시나리오들에는 전 세계 에너지 사용량의 극적인 감소가 포함되어 있다.

책임과 대응이 복잡해지는 이유는 두 가지다. 첫째, 국가마다 경제성장으로 인한 혜택과 환경 부담에 관한 입장이 극단적으로 다르기 때문이다. 둘째, 최근 수백 년간 다른 사회들에 비해 지구 자원을 지나치게 많이 소비한데다 합당한 폐기물, 배출량 몫보다 더 많이 폐기하고 배출해온 국가들이 막대한 생태적 부채를 지고 있기 때문이다.

착취—경제성장의 필수 성분

경제성장으로 초래되는 사회적·생태적 비용은 우연한 것이 아니라 체계적인 것이다. 경제성장은 더 많은 잉여를 획득하기 위해 투자된 잉여에서 비롯된다. 잉여는 제품이나 서비스를, 그것의 생산에 사용된 노동·자원 비용보다 더 높은 가격에 판매함으로써 획득된다. 따라서 노동자, 원료, 에너지를 값싸게 입수할 수 있는 기반을 다지는 것이 경제성장에 필수적이다. 비용과 피해를 멀리 떨어진 곳의 자연환경, 타인, 미래 세대에 떠넘기는 생산 사슬과 회계 시스템이 성장 경제에 널리 퍼진 특징이다.

기술 혁신은 경제성장의 중요한 수단이지만 이

것만으로는 부족하다. 18세기 영국의 투자자들은 더 적은 시간에 더 많은 의류를 생산할 수 있게 하려고 물레와 직기를 개조하고 또 개조했다. 하지만 이러한 혁신은 공장 노동자의 헐값 노동[10], 아메리카에서 면화를 재배한 아프리카인 노예의 공짜 노동, 이 두 집단 모두의 재생산과 돌봄을 도맡은 여성, 그리고 같은 지역 선주민들에게서 수탈한 값싼 대지(토양, 물, 목재 등)의 확보와 결합됨으로써 비로소 경제성장으로 이어졌다. 이러한 조건을 갖췄다 해도 수요의 확대가 없었다면 시장을 키울 수 없었을 것이다. 스벤 베커트Sven Beckert는 특히 인도에서 비단 등의 의류를 생산하던 장인 네트워크를 무너뜨렸던, 그리하여 새로운 의류 시장을 창출했던 영국의 공격적 조치를 여러 자료를 통해 밝힌다.[26]

또한 베커트는 20세기 이전에는 전 세계인 가운데 오직 소수만이 임금노동에 종사했음을 보여준다. 대다수 인구는 가족의 생계를 위해 일했고, 일부는 봉건적 예속 관계 속에서, 일부는 노예로서 노동했다. 사람들에게 그들의 노동을 팔라고 설득하기 어려웠다는 사실은 여러 지역에서 다양한 수준으로 행사된 강제 행위들로 입증된

---

10   Underpaid work. 소득으로 환산되지 못한 노동.

다. 유럽과 그 식민지에서는 지역 커먼스를 강탈하기 위해 채택된 다양한 메커니즘을 통해 전통적 살림살이가 밑에서부터 허물어졌고, 사회 제도 변화를 통해 새로운 종류의 인간들이 가공됐다. 지금껏 지속되고 있는 두 가지 메커니즘이 진화하여 경제적 확장에 반드시 필요한 착취 형태들을 고안해냈다. (동시에 정당화했다) 인종주의적 지배를 통한 수탈 그리고 생산을 맡는 높은 남성과 재생산을 맡는 낮은 여성이라는 젠더 위계질서가 그것이다.

산업혁명 시기에 수립된 남성·여성·아동 노동 착취 형태들은 지속가능성 위기에 봉착했다. 잉글랜드의 직물 공장부터 아메리카의 플랜테이션까지 여러 지역에서 질병, 장애, 실종, 사망 비율이 높이 치솟자 인간 자원을 유지하는 것이 중대 과제가 되었다. 임금노동자와 노예 모두 생산적 노동에 대한 수요를 충족시키면서 동시에 노동자의 새 세대를 출산, 양육하고 돌보는 게 불가능했고, 아니면 아예 그럴 의사가 없었다.

몇 세기에 걸쳐, 성별 역할이 구분된 (재)생산 양식이 진화해서는 노동을 값싸게 공급하고 유지하며 **동시에** 재생산했고, 이로써 경제를 확장했다. 실비아 페더리치 Silvia Federici는 여성을 인간 자원을 (재)생산하는 기계로 자리매김한 폭력적 역사 과정과 27 이와 마찬가지로 폭력을 통해 특정한 남성 집단을 타인을 위한 이윤 생산 기계로 자리매김한 과정을 28 폭로한다. 변화가 놀랄 만한 수준으로 확대되면서, 임금노동이라는 새로운 양식이 사내다움과 결합되기 시작했고 '생산적'이라는 꼬리표가 붙으며 돈과 위신, 그 밖의 자원이 보상으로 돌아왔는데, 이것들은 점점 더 여성다움과 결합된 '재생산' 노동으로는 접근 불가능한 것들이었다.

착취를 통한 경제성장은 모순으로 가득 차 있다. 노동자의 급여를 줄이면 생산 비용이 낮아지지만, 노동자가 건강을 유지하고 제품을 살 수 있는 능력 또한 제약받게 된다. 여성이 노동자를 재생산하고 급여 없이 매일 돌봄 활동을 열심히 수행하도록 교육하면 노동자를 더 고용하는 데 드는 비용을 아끼게 되지만, 이들 여성을 노동시장에 참여시키려는 노력 또한 꼬이게 된다. 자원을 착취하는 값싼 기술은 생산 비용을 줄이지만, 오염과 공해를 증가시키는 경우가 많다. 사내다움을 자랑하는 생산적 노동을 극대화하면 경제성장이 강화되지만, 가정, 마을, 자연환경을 유지하는 데 필수적인, 여성다움과 연관되는 돌봄 활동과 지식을 밑에서부터 허무는 결과 또한 낳는다.

노동 조건을 개선하기 위한 조직적 투쟁들이 이러한 긴장ㆍ모순과 상호작용하는 가운데, 인간과 동물의 힘을 이용하던 여러 방식이 화석연료에서 값싸게 동력을 끌어내는 노다지판으로 점차 대체됐다. 19세기와 20세기에 처음에는 석탄이, 다음에는 석유가 석유화학 투입물과 함께 노동시간 당 제조업 산출량과 토지면적 당 농업 수확량을 획기적으로 늘렸다. 화석연료를 사용하는 교통수단 덕분에 점점 늘어만 가던 생산 지점과 소비 지점이 서로 연결되었고, 헐값 노동과 노예 노동을 위한 장소들이 재배치되었으며, 소비자 시장은 세계 전역으로 확장될 수 있었다. 이러한 발전은 경제가 복률 성장을 지향하게 만드는 데 중요한 역할을 했다.

화석연료와 새로운 시장을 추구한 결과, 지정학적 강대국들은 약소국들을 더 쉽게 착취할 수 있었다. 개발 프로그램부터 노골적 전쟁에 이르는 메커니즘들이 다양한 전통·가치 시스템을 제물 삼아 글로벌 마켓·공급체인을 조형하는 데 일조했다. 국제적 개발을 미국 외교 정책의 전면에 내세운 해리 트루먼Harry Truman의 1949년 대통령 취임 연설 이후, 세계은행은 세계 인구의 2/3에 개발이 필요한 '빈민'이라는 딱지를 붙였다. 가치를 매길 수 없는 소중한 존재 방식과 관계 방식들이 유럽-미국식 제도와 삶의 방식이 확장되면서 압살됐다. 1951년 UN 보고서가 한탄했듯, "고통스러운 조정 없이 급속한 경제적 진보는 불가능하다. 오래된 철학은 쓰레기 취급을 당해야 하고, 기존 사회 제도는 해체돼야 하며, 계급, 신조, 인종으로 엮인 유대는 파열되어야 하고, 진보에 보조를 맞추지 못하는 많은 이들은 편안히 살고 싶다는 소망을 꺾어야만 한다. 경제적 진보의 대가 전부를 떠안을 의지가 있는 사회는 거의 없다." [29]

　　　　요컨대, 민족 간, 국가 간, 인간과 자연 간 불평등한 노동·자원 교환을 아래에서 떠받친 위계적 사회문화 시스템으로 인해 경제성장이 가능했다. 성별에 따른 기대치의 구분은 진화하는 인종적·계급적·식민적 위계질서와 얽혔고, 이로써 인간을 생산하고 유지하며 착취하는 데 드는 비용을 최소화했다. 과거에 존재하던 다양한 정체성과 관계들이라는 희생양은 여전히 우리 마음 깊은 곳에는 살아 있다.

경제성장의 심리-사회적 토대

경제성장은 무고한 인류에게 느닷없이 닥친 외부의 강제력이 아니다. 사회경제 시스템은 일상에서 사람들의 행동과 태도를 통해 (재)생산되는 법이다. 살아남으려면 노동을 팔아야 한다는 필요 자체가 사람들의 인식과 욕망을 조형한다. 먹고살기 위해 한정된 기회를 놓고 타인과 경쟁하는 경우, 시장 확장은 반가운 일이 아닐 수 없다. 불황으로 실업과 부채가 늘어나는 상황에서 사람들은 경제성장을 지탱하려는 어떤 움직임이라도 지지하게 된다.

개인주의 사회와 도시 환경의 익명성 속에서 사람들은 타인과 비교해 더 많은 돈을 벌어들임으로써 자신의 값어치와 지위를 드러내라고 배운다. 이것은 결코 허영의 문제가 아니다. 주위 사람들이 괜찮은 옷과 집, 자동차와 병원 진료라 여기는 것들을 획득해야만 자신이 존경받는 환경에서 이것은 자부심과 자존감의 문제다.

불안정과 부족의 경험은 소비 확대를 유도하는 데 이용됐는데, 무거운 심리적 대가가 수반되었다. 부자든 빈자든 사람들은 기대치를 충족시키고 남과 경쟁하려고 더욱더 빨리 움직였고, 그럴수록 경제는 가속화됐다. 이 사태는 거꾸로 시간에 쫓기는 심리와 심신 소모를 악화시켰다. 경제성장이 고통이나 구속이 거의 없는 편안한 삶을 가져다 줄 것이라는 약속은 우리 자신을 비롯한 많은 이들에게 호소력을 발휘한다. 하지만 불평등과 착취에 의존하는 경제성장은 소수 특권층에게만 이러한 꿈을 실현시켜줄 뿐이다. 더 심각한 문제는 공동체 참여 없이, 그 어떤 제약 없이 오로지 개인적 특권을 좇으며 보내는 인생이란 그 도덕적·인간적 의미가 참으로 얄팍할 수밖에 없다는 사실에서 비롯되는데, 이에 관해서는 다음 장에서 다룰 것이다.

체계적인 확장을 지속하기 위해, 성장 강박은 우리 삶의 목적과 정체성 안에 내장된다. 이로 인해 우리는 성장을 추구하는 힘이 마치 우리네 DNA 안에 있는 것처럼 느끼게 된다. 그러나 개인적 경쟁, 이기적인 비축, 재산 소유욕, 만족을 모르는 소비 충동 따위는 우리 안에 고정된 생존 본능이 아니다. 이런 행태들은 특정한 경제 시스템의 확장에 도움을 주기 위해 근래에 들어 육성된 것이다. 인간 본성은 수많은 가능성을 품고 있다. 우리는 이기적일 수도, 이타적일 수도 있고, 더 많이 원할 수도, 더 적은 몫으로 잘 살아갈 수도 있다. 우리는 축적할 수도 있지만 공유할 수도 있다. 어떤 성향을 함양하고 어떤 성향을 억제할지는 사회 문화 시스템에 달려 있다.

인간으로서 일생을 살아가는 과정에서 생존을 보장하는 진화적 특징은 상징적 사고와 소통이라는 생물-물리적 능력이다. 그리고 이 능력 덕분에 인간 집단은 협력을 통해 언어와 종교와 친족 관계를, 아울러 개별 유기체의 삶을 넘어서는 생태-사회 시스템을 발전시킬 수 있다. 또한 이 능력은 새로운 세대를, 그들의 새로운 관습과 거주지를 만들어내는 데 도움을 준다. 이러한 공동 시스템 덕분에 인간은 어떤 종류의 세계든 조형해갈 수 있다. 다음 장에서 우리는 탈성장 사회로 나아가는 전환을 촉진할 수 있는 특정 유형의 인간 조직들을 검토한다. 그 조직들을 만들어내면서, 그 조직들로부터 힘을 얻는 정신과 주체성도 함께 검토한다.

3장

탈성장이라는 미래에 먼저 도착한 사람들

우리 시대의 삶을 지배하는 내러티브는 성장 종말보다는 세계 종말을, 심지어 자본주의 종말을 더 쉽게 상상하게 만든다. 종말이 아닌 다른 미래를 생각하려면 어디서부터 시작해야 할까? 기존의 것들을 관찰하고 이해하는 것이 그 시작점일 것이다. 세계 모든 곳에서 사람들은 성장 경제 모델과 사고방식을 대체할 대안들을 전 세대에서 물려받아 보유하고 있고, 변용하고 있고, 또 새롭게 발명하고 있다. 수많은 이들이 타인들과의 연대 속에서 단순하게 사는 삶을 자축하는, 오랜 세월에 걸쳐 진화한 전통 속에서 살아가고 있다.

　　　이 장에서 우리는 탈성장 정신으로 볼 때 보편적인 상식을 매일 구현하고 실행하면서 살아가는 사람들로부터 배움으로써, 탈성장 옹호의 근거를 현재의 세상 그 자체에서 구축해보려 한다. 이들의 실천은 생물다양성 손실과 기후변화의 흐름을 바꿔보려는 글로벌 프로그램들과는 다른 것이지만, 우리는 그것들이 서로 배타적이라고 이해하지 않는다. 음식과 집과 마을을 공유하는 일상의 실천과 사려 깊은 대화 없이, 우리 인간은 국제기후협약과 그린뉴딜을 만들고 실행할 실력을 키울 수도 없을 것이다.

먼저, 경쟁과 경제성장보다는 공동체의 좋은 삶이라는 가치를 중심에 두는 삶들을 살펴볼 것이다. 그런 후 사람들이 협동적 사업들에 함께하고 있는 사례들을 고찰할 것이다. 또한 이러한 실천들이 어떻게 더 큰 전환으로 이어지는지를 탐구할 것이다. 여기서 핵심은 1장에서 소개된 개념들, 즉 활력 넘치는 자원 공유 시스템으로 정의된 커먼스, 협동과 갈등 해결의 실행이자 전통과 규제의 유지·변용으로 정의된 커머닝이다.

커머닝의 지향점은 성장일 수도, 성장 지양일 수도 있다. 또한 기존 질서를 보호함일 수도, 실천을 통해 상식을 바꿈으로써 변혁을 구현함일 수도 있다. 데이비드 볼리어David Bollier는 사유화 세력에 대항하는 저항의 잠재력을 강조하며, 채워도 채워도 끝없는 성장의 수요를 채우느라 급급한 부채 기반 경제에 대한 대안으로서 필수재 공급과 돌봄을 담당하는 공동의 시스템을 강화하고 확대하자고 주창한다. 1 우리는 특정한 돌봄·사회 재생산 제도들이 오랫동안 존속되었고 임금노동·상품과도 공존했다는 사실을 더 적극적으로 인정하라고 촉구한다. 또한 공동체 텃밭, 지역사회 지원 농업, 농생태 네트워크, 생태적 코뮌들, 공동 거주·공동 주택 제도, P2P (개별자 간 직접 소통)

방식의 소프트웨어와 하드웨어, 디지털 커먼스, 공동 육아 · 아동돌봄 서클 같은 공동 생산 · 소비 양식들로부터 배우고자 한다.

이러한 커먼스들 그리고 그것들을 창조해내는 커머너들의 삶에는 모순적 요소가 많다. 사유재산과 경쟁을 뒷받침하고 옹호하는 데 적합한 제도적 · 이데올로기적 환경 안에서 협동적 사업을 빚어내고 지속시키려는 노력에는 갈등이 수반되고 의심이 제기되기 마련이다. 협동 참여자 네트워크들에서 상호 간 격려와 응원이, 아울러 정책과 제도, 자원 구성resource structures을 개혁해서 호의가 더욱더 충만한 환경을 창조해는 일이 중요한 이유다.

단순하게, 공유하며 사는 삶에 관한 상식

세계 전반에서 대중문화 · 미디어 · 교육 기관은 근로勤勞와 열광적 놀이와 경쟁을, 그리고 생산 · 소비를 통해 과시되는 개인의 성취를 한껏 치켜세우고 있다. 그러나 이러한 강력한 메시지들과 공존하는 다른 논리와 욕구도 있다. 더 단순하게 더 인자한 태도로 살면서도 동시에 다른 필요를 가진 이들과 연대하는 삶을 가치 있는 삶으로 육성하는 전통에 뿌리내린 논리와 욕구이다. 이 전통 속에서 사람들은 의미와 즐거움을 다양한 방식으로 즐긴다. 노래와 춤, 운동경

기나 기도를 통해서 즐기기도 하고, 음식을 나누고 남과 이야기하거나, 저녁노을을 음미하거나 자연을 산보하면서 즐기기도 한다. 이러한 상식은 탈성장 세계로 향한 다채로운 경로를 지속시키고 있고, 거기에 영감을 불어넣고 있다.

오직 소수의 세계 지도자만이 이러한 감각을 구현하고 있어, 보기에 돌올하다. 교황에게 허락되는 호화로운 거처를 거부하고 호스텔 룸을 선호하고, 본모습을 숨긴 채 자정에 로마 거리로 나가 노숙자들과 함께 앉아 이야기하고 식사하는 프란치스코 교황을 떠올려보라. 또는 대통령 궁을 거절하고 몬테비데오 외곽에 있는 자신의 소박한 농가에서 살고 있는가 하면, 대통령 월급의 90%를 기부했던 전 우루과이 대통령 호세 무히카José Mujica를. 이러한 행태는, 부와 권력과 지위의 과시를 통해 지배적 양식의 사내다움이라는 기대 가치가 실현되는 사회에서는 비범한 것으로 지적된다. 반대로, 가정 헌신과 공동체 헌신 선호, 개인적 야심의 포기와 얌전함이 곧 바람직한 여성의 표상이 되는 사회에서는, 탈성장의 감수성을 예시하는 무수한 여성들의 삶이란 눈에 띄지도 않는다. 세상의 이목을 받았던 한 여성은 하버드 대학에서 공부한 경제학자이자 녹색당 후보로서 두 차례나 미국 부통령직에 도전했던 위노나 라두크Winona Laduke이다. 성인으로 산 기간 대부분에 라두크는 미네소타 소재 오지브와 족 화이트 어스 인디언 보호구역Ojibwe White Earth Reservation에서 소박한 삶을 살았다. 라두크는 대가족의 일원으로서 매일 농사에 참여했는데, 바로 이것이 그녀(그)가 자신의 환경운동 리더십을 키웠던 토대였다.

무수히 많은 다른 사람들도 소박한 삶을 실천하고 있다. 일부를 거론하자면, 더 큰 부와 권력을 끝없이 갈망하는 대신 직업과 가정과 친구들 속에서 만족을 찾고 있는 도시 사람들, 자연 자원을 고갈시키지 않으면서 자신들의 마을을 재생산하기에 충분할 정도만 생산하는 농민, 공동체 일에 헌신하는 연금 생활자, 장인과 소규모 생산자 같은 이들이 그런 사람들이다. 복잡한 사회 안에서 단순하게 살아가기로 작심한 이들도 있지만, 그저 필요해서, 또는 그저 전통적 방식의 삶을 살아가다 보니 단순하게 살아가는 이들도 부지기수이다. 〈정치생태학 저널Journal of Political Ecology〉의 한 특별판에서 게존Gezon과 폴슨Paulson은 13개국에서 목격되는 이러한 다양한 삶에 관해 글을 쓴, 다양한 언어·문화적 배경을 지닌 연구자들을 한자리에 모은 바 있다. 2

경제성장이라는 구심력에 끌려가지 않고, 환경 부담을 적게 주는 삶을 사는 사람들이 세계 인구의 상당 부분을 차지하고 있다. 불행히도, 온화하고 지속가능한 방식의 지역 본위의 삶이 언제나 평화로운 것만은 아니다. 자기 확장적이며 지구에 빨대를 꽂는 경제들의 최전선들에서, 아주 적게 소비하며 살아가는 사람들은 지금도 목숨을 걸고 경제 개발에 저항하고 있는 것이다. 3 눈에 띄는 사례는 사파티스타Zapatistas의 사례이다. 1994년 (북미자유무역협정이 실효를 발휘하기 시작한 날) 일어선 이래, 이들은 멕시코 치아파스Chiaps 지역 내 농산업과 생태관광을 확장하기 위해 고안된 거대고속도로 프로젝트 같은, 멕시코 정부가 추진한 경제성장용 사업계획들을 막아왔다. 4 멕시코의 경제 규모가 더 커져야 한다고 주장하는 대신, 사파티스타는 (쿠르드족을 비롯한 다른 집단과 마찬가지로) 자신만의 삶의 길을 스스로 만들어갈 권리를 옹호하며 투쟁하고 있다.

글로벌 엘리트 가운데 일부가 연대를 표명하며 전통적 삶의 방식으로부터 배우기 위해 치아파스를 방문했다. 다른 어떤 이들은 명상, 태극권, 요가, 미니멀리스트 디자인, 불필요물 제거decluttering, 아주 작은 집, 조기 은퇴 같은 방식을 통해 단순함을 향한 자신의 열망을 채우고 있다. 특권적 지위 덕분에 이런 소망을 실천에 옮길 수 있다는 건 사실이되, 그렇다고 해악을 덜 끼치고 더 의미 있는 삶으로 이동하려는 그들의 욕구마저 우리의 시야에서 없애서는 안

될 것이다.

긍정적인 변화를 만들어내려고 시도하는 이들은 종종 위선적이라는 비난에 부딪히곤 한다. "저 여자, 탄소 배출을 줄이겠다며 자전거로 출퇴근하더니, 기후 정상회의 참석한답시고 비행기 타네." "저들이 가난한 사람들을 돕긴 하지. 하지만, 그 돈의 출처는 기업 배당금인데." 친성장 주류 그리고 순수주의 성향의 활동가들로부터 쏟아지는 가혹한 비판은 기존 질서와는 다른 그 어떠한 흐름도 반대하는 자기보호적 대응 효과를 낸다. 어느 개인의 행동 전부가 특정 가치들과 완전히 조화로워야 한다는 요구는 변혁을 향한 욕망을 무력화하는 데 효과적이다. 우리 중 그 누구에게도 모든 것을 포기하고 동굴 속에서 살아갈 의지나 능력이란 없다. 우리 중 그 누구도 경제성장을 촉진하도록 디자인된 현행 라이프스타일과 일정하게 모순되지 않은 채 대안적 선택지를 시도할 수는 없다. 옛말에 이르듯, 만일 누군가의 모순이 일곱 가지 이상이라면 필시 위선자이겠으나, 네 가지 이하라면 그저 열정적인 애호가일 뿐이다.

개인적인 것에서 모두의 것으로

하지만 변화를 개인적 결단력의 문제로 본다면, 그건 순진한 생각이다. 변화를 현실화하는 우리의 능력은 물질적 여건, 내면화한 세계관과 이데올로기에 의해 좌우된다. 이미 몸에 배인 습관과 사고방식을 (아이돌과 억만장자·과시하기 좋은 부의 상징을 흠모하는 마음, 햄버거 구매나 자동차 사용 같은 세속적인 일상 관행 등) 떨쳐내려는 노력은 긴장을 조성하고 저항에 부딪힌다. 경제성장이 초래한 개인적 희생들(스트레스, 경쟁, 초과노동, 외로움 또는 수입과 자산과 출판물과 자동차와 의류와 음식과 약물과 술에 대한 중독적 집착으로 이것은 경험된다)이 무엇인지를 묻는 우리의 능력은 무엇으로 가능한가? (또는 무엇이 그 능력을 제한하는가?) 대안적인 삶의 방식을 우리가 수용하고 창출하도록 무엇이 우리를 지원하는가? 볼리비아부터 인도, 그리스, 스페인까지 여러 시골, 도시 지역에서 공부하고 살았던 과거를 돌아보건대, 한 가지 대답을 강조하지 않을 수 없다. 그것은 모두 안에서 살아감, 자기됨이다.

　　　　함께 나누는 좋은 삶으로 나아가는 길을 만들어내려고 분투하는 이들은 종종 실천과 대화 속에서 서로 연결되고 네트워크를 형성한다. 그리고 중용moderation, 자기제한, 연대라는 상식이 실천되고, 정치 참여 욕구가 실현되는 것은 바로 이러한 네트워크 속에서이다. 작은 변화라도 시도하자는 상호 간 격려, 그러한 변화를 지속하기 위한 조직적 지원 그리고 그러한 변화로부터 얻는 혜택은 위선적이라고 비난하는 세력을 약화하며 힘의 균형을 이뤄낸다. 충분히 시간이 지나면, 일부 협동적 실천들은 공유되는 비전으로 이어질 것이고, 그 비전은 제도와 환경을 바꾸는 집합행동에 불을 지필 것이다.

제 몸집을 불리는 경제들이 도발한 막대한 자연환경 파괴 앞에서, 고기를 적게 먹고 자전거로 출퇴근하고 공유물을 늘려나가는 식의, 개인의 소소한 성취란 실망스럽고 허망하게 보일지도 모른다. 그러나 바람직한 세계를 실현하도록 서로를 격려하는 행동은 굉장히 중요하다. 바로 그런 격려가 '사회적, 정치적 반향이 넓은 살아감과 자기됨'이라는 인생길에 물을 주고, 우리를 변화시키기 때문이다. 개인적 행동의 실천은 정책 · 제도 개혁을 실행하는 사회를 건설해가는 첫 번째 발걸음이다.

가능성들이 공진화하고 있다

만일 당신이 북미의 도심 외곽에 살고 있고, 집에서 수 킬로미터 떨어진 곳에서 일한다면, 유일하게 합리적인 이동방법은 자동차 운전으로 보일 것이다. 반면 당신이 아름다운 자전거길로 둘러싸인 코펜하겐에 살고 있다면, 자전거를 타고 직장이나 학교에 가는 편이 더 쉬울 것이다. 실제로 코펜하겐 인구의 49%는 그렇게 하고 있다. 5 이 같은 훌륭한 도시환경이 개인들의 욕망과 습관, 네트워크 그리고 변모하는 제도들의 역학dynamics 속에서 공진화하고 있다. 변화의 발원지는 건강, 비용 절감, 자연환경에 대한 관심, 여타다른 이유로 자전거 이용을 선호하는 사람들이다. 이들은 상호연결망을 구축하고 집단 라이딩이나 DIY 워크숍 같은 계획을 함께 세울 수도 있을 것이다. 자전거 친화적인 정치인에 투표하거나 공공 공간 복원을 외치는 시위에 나설 수도 있을 것이다. 만일 당국이 이런 움직임에 반응한다면 (가령, 자전거 도로, 자전거 공유망을 추가 신설하거나 특정 지역에서 자동차의 양과 속도를 줄이는 정책과 프로그램으로) 더욱더 많은 이들이 자전거로 안전하게 출퇴근하고, 자전거를 즐기는 힘과 기술을 개발하고, 종국엔 드라이빙보다는 사이클링을 선호하게 될 것이다. 말뫼, 몬트리올, 도쿄 같은 도시에서는 이러한 선순환 덕분에 출퇴근 시 자전거 사용량 증대가 시정·국정 우선사항의 하나가 되었다.

이와 같은 유기적 실천과정은 필연적으로 그것이 뻗어 나온 특정 사회 질서를 거꾸로 보여준다. 일부 자전거 옹호 운동은 비-백인, 저소득계층을 배제했거나 젠트리피케이션을 악화했다. 이러한 현상에 주목하는 시선은, 지위나 권력과 무관하게 모두에게 닿고 모두를 인정하려는 의식적인 노력을 자연스럽게 촉발할 것이다.

위기는 개인적 변화를 촉매하고, 지배적 규범

과 기대치에 균열을 일으키며, 사람들로 하여금 협동 속에서 자기 자신들과 관계들을 다시금 발명하도록 자극한다. 앙겔로스 바르바로시스Angelos Varvarousis는 2009년-2016년 오래 지속된 사회적 위기에 길을 잃어버린 수많은 그리스 사람들이 어떻게 (도시 텃밭, 시간 은행11, 공동 아트 센터, 연대의 치료소, 푸드 뱅크 같은) 협동적 프로젝트 속에서 삶의 의미를 찾았는지 설명한다. 6 대량소비의 붕괴, 복지국가의 위기는 오랫동안 자연스러운 것으로 경험되었던 정체성을 송두리째 뒤흔들었다. 공공 광장 점거, 즉흥적 가드닝 같은 일시적인 공동의 경험들은 더이상 유효하지 않은 과거에서 아직 확정되지 않은 미래로 이행하는 참여자들을 위한 통과의례였다. 새로운 커먼스를 생산해내는 이러한 실천적 작업 속에서 사람들은 새로운 자아와 관계를 실험하게 된다.

마찬가지로, 〈가디언〉 저널리스트 조지 몬비옷George Monbiot은 코로나 팬데믹 위기 속에서, 사회적 거리두기라는 조치에도 아랑곳없이 어떻게 상호부조와 돌봄이라는 커먼스가 세계 도처에서 폭발했는지 지적한다. 가난하고 취약한 이들을 지원하고, 의사·의료 노동자를 돌보고,

---

11 시간 은행time-bank이란 지역공동체 내에서 주민들이 돌봄 등의 자원自願 활동에 참여하면 각각의 활동을 (마치 화폐처럼) 시간으로 동일하게 환산해 서로 주고받도록 관리·촉진하는 사회적 경제 기관이다.

또는 특별 의료장비가 필요한 병원에 저비용의 기술적 해결책을 제공하는 프로젝트들 속에서 이런 폭발이 일어났다는 것이다. 7

　　　　푸에르토리코에서는 35년간 광산업 반대 운동을 중심으로 자율적 거버넌스 과정이 발전되었고, 그 결과 일상적인 공동 사업 실행 경험이 자연과 지역공동체와 민주주의에 관한 새로운 상식을 키워냈다. 또, 이러한 상식 덕분에 참여자들은 경제성장에 관한 주류 상식에 맞서도록 변할 수 있었다. 8 요컨대, 개인들 자신이 급진적으로 변하고 다른 이들과 연결되어 더 큰 규모의 정치 개혁을 예시하는 새로운 관계를 형성할 때, 공진화는 실제로 가능하다. 이런 식으로, 새로운 네트워크들은 대안적 거버넌스 구조를 모델링하고 동시에 옹호하며, 제도적 변화를 만들어내는 세력으로 변모한다.

이미 우리 곁에 있는 커먼스

화폐 경제는, 자발적이고 상호 협력적이며 이윤을 추구하지 않는 형식으로 움직이는 거대 경제활동이 지탱하고 있는 빙산의 일각일 뿐이다. 9 오스트레일리아와 다른 곳에서 시행된 시간-사용에 관한 연구들은, (대부분 여성이 수행하는) 가사와 돌봄 노동에 투자되는 시간이 피고용 노동에 투자되는 시간만큼 많음을 밝히고 있다. 10 2010년 카탈루냐에서 사회학자 호아나 코닐Joana Conill, 마누엘 카스텔Manuel Castells과 이들의 동료들은, 화폐 교환과 무관한 활동에 사람들이 투여하는 시간의 상당량이, 자기 집이나 친구들의 집 또는 자동차를 수리하고, 먹을거리를 기르거나 준비하고, 자원봉사 활동에 참여하는 것 같이 서로에게 도움이 되는 일에 쓰였음을 알아냈다. 11 만일 각국 정부들이 화폐 경제를 보강하는 데 투여되었던 어마어마한 투자 금액을 줄이고, 그 대신 아동 돌봄, 수제 물품이나 빵류의 공유, 노인과 환자에 대한 지속적 배려와 관심, 마을과 공원의 청소 같은 활동으로 구현되는 전략·가치·기술을 점점 더 높이 사고, 점점 더 많이 지원한다면 어떨까?

현재 덜 중요시되고 있고 덜 예찬되고 있는 이러한 커먼스는, 오늘의 경제를 성장 아닌 목표로 나아가는 경제로 재구조화하는 과업의 토대이다. 이기적 경쟁을 기반 삼은 단종상품 경제의 세계화가, 인류 역사 전 기간에 사회적 진화의 동력이었던 무수한 형태의 상호부조 활동을 계속 갉아먹었던 것으로 보인다. 그렇긴 하나, 상호 모순되는 것이 일부 있을지언정 여러 새로운 상식을 수용하면 사람들과 공동체들은 언제라도 자신들의 가치와 세계관을 조정할 수 있는 법이다.

다행인 것은, 이제껏 시장의 성장에 의해 평가 절하되어왔고 착취되었던 자연 보호와 공동체와 관련된 오래된 시스템과 윤리가 새로운 형태의 협동으로 성숙되어 나타나고 있다는 것이다. 외따로 떨어진 신성한 장소도 아니고, 외계에 있는 유토피아도 아닌 이러한 실천들은 지금 다양한 방식으로 기성 경제들과 얽힌 채로 나타나고 있다.

지역공동체 경제들이 공진화하고 있다

우리 네 저자 중 세 명이 사는 곳이기도 한 바르셀로나에는 한 가지 특징이 있다. 커머닝 실천이 넘쳐나고 있다는 것이 그것이다. 예컨대 카탈루냐 통합 협동조합Catalan Integral Cooperative[CIC]은 다양한 생산적 사업들과 수많은 자영업자들을 서로 연결해주는 협동조합으로, 연간 조합 예산은 약 48만 달러이다. 12 지역 소농들은 협동조합 산하 카탈루냐 공급 센터Catalan Supply Centre를 매개로 매달 약 4,500 파운드의 농산물을, 소비자들이 자율적으로 관리하는 21개 공급소에 공급하고 있다. CIC는 협동조합 화폐인 '페어코인Faircoin'을 발행하는데, 이 화폐는 조합원들에게 기본소득으로 지급되는가 하면, 협동조합 자체 은행(115명이 공동 운영하고 있고, 25만 달러 예치금을 보유하고 있으며, 이윤은 없다)을 통해 새로운 협동 사업에 투자되고 있다. CIC의 가장 대담한 프

94

로젝트는 산업사회 이후의 모습을 보여주는 깔라포Calafou 연구창작단지다. 바르셀로나에서 60km 떨어진 곳에 있는, 28,000 평방미터 규모의 버려진 공장지대를 개조한 것으로 현재 회원 22명이 임대를 받아 27개의 작업구역으로 발전시켰다. 이 작업구역에는 해킹 랩, 비누 생산 랩, 목공 작업장, 기계 작업장, 전문 음악 스튜디오 등이 포함되어 있다.

　　연대 경제 네트워크Solidarity Economy Network 내 300개 사업체와 6,000명의 개인들을 지원하고 약 11만 명을 서로 연결하는 13 바르셀로나의 협동경제 생태계 덕분에, 정치적·개인적 성향이 천차만별인 거주민들은 자신들이 염원하는 세상을 건설하는 과업에 자기 에너지의 일부를 투여하며 산다. 100% 재생가능한 전력을 합리적 가격에 가정에 공급하는 솜 에너지아Som Energia에 누구든 회원으로 참여할 수 있다. 누구든 솜 모빌리타트Som Mobilitat를 통해 전기차를 공유할 수 있고, 솜 커넥시오Som Connexio를 통해 인터넷에 접속할 수 있다. 누구든 COS 의료 협동조합을 통해 핵심 의료 혜택을 받을 수 있고, 건축 협동조합 소스트레 시빅Sostre Civic이 지은 공동 주택에 거주할 수 있다. 누구든 부모들이 직접 운영하는 아동 돌봄 그룹에 번갈아 참여할 수 있고, 공동체 텃밭에서 채소를 키울 수 있다. 누구든 소비자 협동조합 회원이 되어 지역 농부가 생산한 농산물을 구매할 수 있고, 아테네우스Ateneus라는 이름의 시민 자치 사회적 센터에서 새 밴드의 음악을 들을 수 있다.

바르셀로나 협동조합주의의 역사는 독특하다. 하지만 동시에 전 세계의 공동체 경제들과 공명하는 역사이기도 하다. 미시시피의 협동조합인 콥 잭슨Co-op Jackson은 CIC와 비슷하게 발전해 있다. 캘리포니아주 오클랜드에 있는, 55세 이상을 위한 자치 공동주택 커뮤니티인 피닉스 커먼스Phoenix Commons에서 거주자들은 공간을 공유하는데, 회원들이 번갈아 가며 모두의 음식을 준비하는 부엌도 그 하나이다. 14 세계 도처에 수많은 생태적 코뮌들, 전환 마을, 공동 거주·공동 주택 마을들이 존재하고, 이들은 국내외적 유대 속에서 함께 배우고 서로에게서 힘을 얻고 있다.

자연에 해를 덜 끼치고 폐기물을 덜 배출하는 방식으로 먹을거리를 생산하고 소비하려는 사람들 역시 다양한 규모의 집단을 꾸리고 있다. 세계 농민들의 네트워크인 비아 캄페시나Via Campesina는 81개국의 182개 소농 조직들을 대표한다. 이 네트워크의 미션은 협동적 배움과 교환을 촉진하고, 지속가능하고 건강한 형태의 농업을 실천·실험하는 개인과 집단을 조직화하는 것이다.

한계와 의심

혹자는 물을 것이다. 지금 90억 인구를 도시 텃밭 농업으로 먹여 살리고, 세계인 전부를 공동주택에서 지내게 하고, 세계의 어린이 전체를 마을에서 키우자고 제안하는 것인가? 물론 아니다. 우리는 협동적인 생산, 소비, 돌봄 양식에 힘을 싣자고, 그리하여 그 힘으로 대규모 공공 제도를, 사적 사용과 소유권의 형태를 보완하고 갱신하자고 촉구할 뿐이다.

목표는 하나의 단종상품 경제를 또 다른 단종상품 경제로 대체하지 않는 것이다. 목표는 이전과는 다른 리듬과 목적, 규모를 지닌 훨씬 더 활력 넘치는 가능성의 영역들이 성숙하도록 여건을 조성하는 것이다. 오늘의 정치 시스템은 사유재산, 임금노동, 시장 소비를 토대로 한 성장 주도 모델을 진흥·지원하고 있고, 이런 흐름 속에서 다른 실천 형태들은 평가절하되고, 성숙할 기회 자체를 얻지 못하며, 과다착취된 상태에 처해 있다. 우리의 전략은 가치와 자원의 우선순위 자체를 재구성하는 것, 그리하여 대안적인 논리로 작동하는 다양한 삶의 실천들이 성숙하도록 지원하는 것이다. 그리고 바로 그러한 다양성이야말로 역사적-환경적 위험 앞에서 회복력과 적응력을 키우는 핵심 요소일 것이다.

탈성장 옹호론은 기술발전을 거부하고, 지독한 노동이 필요했던 지난 시대로 퇴보하는 게 낫다고 말하는 것일까? 정반대로, 우리는 대규모 하이테크 생산물들이 앞으로도 계속 역할을 가짐을 인정한다. 또한 우리는 경제성장 외 다른 목적을 지향하는 실천을 포함하여 수많은 소규모 실천들이 기술혁신 덕분에 강화되고 있는 현실도 예의 주시하고 있다.

중남미 곳곳에서, 생태농업 조직 속에서 일하는 소농들은 전통 농법과 최첨단 과학 지식을 융합하고 있다. 15 뉴질랜드의 시간은행 운영자들은 컴퓨터 프로그램을 이용해 현물출자in-kind contributions를 기록하고 계산하고 있다. 16 바실리스 코스타키스Vassilis Kostakis는 디지털 제품과 물리적 제품의 교차지대에서, 로컬 제품과 글로벌 디자인·유통의 교차지대에서 실행되는 사업들을 이야기한다. 즉, 라텔리에 빠이상L'Atelier Paysan(프랑스)과 팜핵Farmhack(미국과 영국)은 소농을 위한 개방형 농기계를 제작하고 있고, 위키하우스Wikihouse는 지속가능한 방식의 저연료 주택을 보급하고 있다. 오픈바이오닉스OpenBionics는 로봇·바이오닉 디바이스용 공개형 설계도를 생산하고 있고, 렙랩RepRap 공동체는 복제가능한 3D프린터용 디자인을 창조하고 있다. 17 이 모두가 위계질서와 착취를 최소화하려는, 탈중앙

집중적이고 소규모이며, 지역에서 통제하는 생산 방식을 고집하는 유서 깊은 조직들을 최신 과학·공학 혁신과 융합하는 사례들이다.

집합적 형태의 필수재 공급과 돌봄이 악용되어 성장 경제를 지원하게 될까? 그럴 수 있다. 새로운 커먼스는 새로운 인클로저의 기회를 열고, 그에 따라 가치를 생산하는 공동 활동이 시장에 의해 포획·흡수될 가능성이 있다. 교통수단과 주택, 도구와 기술, 음식과 각종 선물 등을 공유하는 공유 네트워크들이 급부상하고 있지만, 평등한 공유를 지원하는 모델들은 이윤을 위한 착취 행위와 공존하고 있는 상태다. 둘 다 물질 사용량을 줄이는 데 기여할 수는 있겠지만, 둘은 퍽 상이한 권력관계를 만들어낸다. 한편, 기업들과 국가들이 아직 상품화 영역에 포섭되지 않은 가정생활과 사회생활에 복지 비용을 더 많이 이전함으로써 경제적 손실분을 완충하는 길을 찾을 가능성도 있다. 어떤 사회들에서는, 삶을 재생산하는 여성의 헐값노동이 남성의 임금노동을 보조하는 식의 경제 모델이 쇠퇴하고 있다. 남녀 모두 각자의 헐값노동분이 음식, 의료, 아동 돌봄, 노인 돌봄을 제공하는 집단의 노력에 의해 보완되는 새로운 경제 모델로 이미 대체되고 있는 것이다.

공동체를 낭만적으로 바라보고 사회운동을 이

상화하려는 유혹에 빠져, 공동체 지향 행위가 외부인들에게는 배타적이고 내부 회원들에게는 폭압적인 행위가 되는 현실에 눈을 감아서는 안 될 것이다. 모든 공동 프로젝트는 공동의 가치와 의미를 공고히 하는 과정에서 긴장과 모순에 봉착하기 마련이다. 따라서 공동 프로젝트는 포용과 배제 사이에서, 수직적이고 수평적인 관계 사이에서 늘 균형을 찾아야만 한다. 이 책에서 공개되는 공동체 모델은 바로 이러한 공동 프로젝트의 여정을 강화한다. 현재진행형의 공동체 구축이라는 흐름을 국가 제도, 개인적 실천과 가치의 변화라는 흐름과 접맥하고 있기 때문이다.

오늘의 세계에서, 경제성장 이전 시대의 조직과 경제성장 이후 시대의 조직은 경제성장을 지탱하기 위해 만들어지고 발전된 기업들, 사회 시스템들과 공존할 수밖에 없다. 그로 인한 갈등과 모순과 상호보완은 충분히 예상되는 것들이다. 인종주의, 남녀차별, 계급차별을 포함하여, 경제성장 시대에 고안된 권력 동학은 더 평등한 삶의 방식을 향한 여정에 계속해서 어둠을 드리울 것이다. 내면 깊은 곳에 자리 잡은 정체성과 관계를 바꾸려면 집합적인 성찰과 시간이, 그리고 용기가 필요하다. 목적만큼이나 수단을 중시하려는 노력은 그 자체로 값어치 있는 실천과정으로 이어지게 된다. 본래 목표를 달성하는 데 실패한 계획들조차도, 그 여정 속에서 진화하고 풍요로워진 개인, 관계, 네트워크라는 형태로 사후의 삶을 이어갈 수 있다.

탈성장 세계를 향한 매일의 전환

앞서 제시된 사례들에서, 사람들은 공동체와 자연환경의 안녕이라는 가치를 우선시하며, 물질적·정신적 필요물을 동시에 제공하고 있다. 그들은 경험을 풍요롭게 하고 공동체를 성숙시키는 방식으로, 신기술을 활용하며 오랫동안 진화를 거듭해온 전통을 오늘의 실정에 맞게 바꾸고 있다. 이러한 일상적 필수재 공급과 거버넌스는 정치와 사회에 어떤 영향을 미치고 있는 걸까?

여기에서 묘사된 사업들 대다수는 '탈성장(성장 지양)'이라는 이름으로 추구되고 있지는 않다. 하지만 우리는 이 사업들을 탈성장(성장 지양) 시대로의 전환을 예시하는 것들로 이해한다. 첫째, 이 사업들은 개인이 보유한 수단의 한계 안에서, 또 공동체에 귀속된 채로 단순하게 사는 삶이라는 정신을 깊이 수용한 채, 이 장의 첫머리에서 우리가 말했던 새로운 상식들을 성숙시키고 있고 진흥하고 있다. 둘째, 이 사업들의 지향점은 이윤 생산이 아니라 노동자와 사용자들의 필요 충족과 행복이다. 셋째, 이 사업들은 공동체 소유 모델과 공유·협동 기반 생산 모델이 활성화되도록 돕는다. 넷째, 더 느린 속도, 더 적은 물질 에너지 사용량, 더 많은 지역 경제 내 재순환 덕분에, 많은 사업들은 부정적인 사회생태적 부담을 더 적게 만들어낸다. 이 사업들은 이윤 창출의 측면에서 보면 생산성이 떨어지는 것으로 보일지 모르지만, 일자리를 창출하고 인간-환경 복리의 수준을 높이는 측면에서는 생산적이다.

사회생태적 위기가 가속화되고 있고 화폐 경제가 비틀대고 있는 현실 속에서, 협동 사업의 실험들은 바람직한 세계상을 예시하고 있다. 향후 사회가 더 발전시키게 될 진정한 선택지들을 현실에 옮기고 있고, 또 강화하고 있는 것이다. 다음 장에서 우리는 일련의 정책들을 개략적으로 논할 것이다. 이 정책들은 다양한 방식의 필수재 공급을 강화하고, 새로운 상식과 정체성을 키워내기에 적합한 비옥한 환경을 만들어낼 것이다. 다음 장에서 제안되는 제도적·구조적 개혁들의 동력은 다른 것이 아니다. 그것은 이 장에서 묘사된, 이미 다른 식으로 생각하고 살아가고 있는 사람들이다.

몸으로 하는 실천 그리고 공유되는 경험은, 다양한 방식으로 존재하고 교류하는 참여자들과 세대들을 사회화한다. 도시 텃밭에서 작은 구획의 땅을 맡아 일구는 이들은 먹을거리 생산의 어려움과 계절성을 더 잘 이해하게 된다. 그들은 농민들과 더 많은 연대감을 느끼고, 음식 폐기물을 더 적게 배출하고, 제철 자연식을 먹으려고 전보다 더 애쓸지도 모른다. 협동 사업에 참여하는 이들은 상업적 판매자들의 고객이 아니라 다른 사람으로 살아갈지도 모른다. 다시 말해, 보이지 않는 곳에 있는 권력 집단에 관해 이러쿵저러쿵 불평을 늘어놓는 것이 아니라, 자신이 살고 싶은 삶의 환경을 스스로 조성하는 참여자가 될 수 있는 것이다.

신체 활동을 꾸준히 하는 동안 우리 인간은 근육의 기억을 축조한다. 우리의 언어 패턴, 활동 패턴, 사고 패턴은 우리의 뇌가 발전되는 방식을 빚어낸다. 따라서, 특정 방식으로 우리의 육체와 정신을 움직임으로써, 그리고 다른 이들이 같은 방식으로 움직이도록 그들을 가르침으로써, 우리는 계속해서 우리 자신과 새로운 세대를 생산해간다. 사고 습관과 행동 습관과 상호작용 습관상의 크고 작은 조정들이 나타나고 힘을 발휘해, 신비스러운 방식으로 제도 개혁, 패러다임 개혁을 이뤄간다.

육체들과 정신들이 집단적으로 변해갈 때, 개인적인 것은 곧 정치적인 것이 된다. 해외 쇼핑몰에서 상품을 구매하던 주말을 공동체 밭에서 친구들과 함께 올리브를 따는 주말로, TV만 줄곧 보던 저녁을 마을 어린이들과 함께 노는 저녁으로 바꾸는 것과 같은 식의 개인의 자발적 변화가 곧 글로벌 성장 기계를 직접 늦추지는 못할 것이다. 또, 기후변화의 흐름을 직접 역전시키지도 못할 것이다. 하지만 어느 개인의 새로운 습관은 그(녀) 자신의 인간적 가능성을 발전시키는 방식을 바꾼다. 또한 그리하여 그것은 그(녀)의 환경에도 영향을 미친다. 그(녀)의 가족과 이웃, 친구와 동료 등이 그들 자신의 가능성을 발전시키는 과정에서 매개물이 되는 바로 그 환경에 말이다. 새로운 종류의 사람과 관계를 만들어내는 일은 그 어떠한 문화적 전환, 거대한 전환에도 근본적으로 중요하다.

4장

새길을 여는
사회 개혁

정책과 제도의 변화는 공진화의 결과이면서 동시에 공진화의 운전자 역할을 하기도 한다. 좋은 삶을 지향하는, 환경 부담을 적게 주는 일상이 상식상 격려되는 사회에서는 탈성장(성장 지양)으로 나아가는 개혁이 날개를 달 것이다. 반대로, 시의적절하고 중요한 정책 변화가 일어나면, 탈성장(성장 지양)을 지향하는 상식과 커먼스 인프라가 발전할 가능성도 열릴 것이다.

　　　　이 장에서 우리는, 일반 시민들이 덜 일하고 덜 생산하며 덜 소비하는 반면, 더 많이 나누고 더 많은 자유 시간을 누리며 자존감과 기쁨을 느끼면서 살아가는 미래를 만들기 위한, 동시에 진행 가능한 다섯 가지 유형의 개혁을 제안한다. 경제성장 없는 그린뉴딜, 보편 기본 소득과 서비스, 커먼스 되찾기, 노동시간 단축, 그리고 이 네 가지 개혁을 뒷받침하는 공공 금융이 이러한 정책 패키지를 이룬다. 이 제안들은 서로 다른 문화적 · 지리적 · 정치적 환경에 따라 다르게 설계되고 적용되어야 할 텐데, 이 책에서는 우선 OECD 국가들에 부합하는 방식으로 요약하여 제시한다.

이미 고민 중이거나 시도되고 있는 제안, 서서히 상식으로 자리 잡아가고 있는 제안에서 논의를 시작하려 한다. 경제성장 시스템을 거창하게 비판하고 나서, 최근 여러 국가에서 정당들이 발전시킨 프로그램들에 주목하는 모양새가 용두사미처럼 보일지도 모르겠다. 하지만 첫째, 진지한 사고와 토론, 실험을 이미 거친 의제들에서 토론거리를 끌어내고 이것을 토대로 논의를 전개함이란 도움이 되면 됐지 해가 되지는 않는다. 둘째, 이들 제안은 경제성장 지향 사회를 안정화하거나 녹색화한다는 목표를 추진하는 데 활용될 경우에는 온건 정책으로 보일 수 있지만, 성장 없는 경제를 지속시키는 방향을 추구할 경우에는 급진 정책이 된다. 좋은 삶을 유지하면서도 자원 사용과 환경 피해를 줄인다는 역사적 사명 안에 통합될 경우 이들 개혁은 시스템의 구조 자체를 바꾸게 될 것이다.

경제성장 없는 그린뉴딜

미국, 유럽연합뿐만 아니라 지구 곳곳에서 제안된 그린뉴딜[GNDs]은 사회·경제 개혁과 공공사업 프로젝트를 하나로 통합해 사회경제적 과제와 환경적 과제를 동시에 해결하려 한다. 우리의 탈성장 비전은 GNDs의 통합적 접근법과 일치할 뿐만 아니라 2019년 미국 하원 결의안에 명시된 목표 가운데 대다수와도 일치한다. 그 내용을 요약하면 다음과 같다. (1)공정하고 정의로운 전환을 통해 온실가스 배출 넷-제로에 도달한다. (2)수백만 개의 좋은 고임금 일자리를 창출하고 모든 이들에게 번영과 경제적 안정을 보장한다. (3)인프라와 산업에 투자함으로써 21세기의 과제를 지속가능한 방식으로 실현한다. (4)미래 세대의 모든 이들에게 깨끗한 공기와 물, 기후와 공동체의 회복탄력성, 건강한 음식, 자연 접근권, 지속가능한 자연환경을 보장한다. (5)파괴 현장에 있는 취약한 지역 공동체들에 대한 현재의 억압은 중단시키고, 미래의 억압은 방지하며, 과거의 억압은 보상함으로써 정의와 형평(성)을 고취한다. 1

하지만 GNDs와 탈성장 제안 사이에는 몇 가지 중대한 차이도 있다. 최근의 대화에서 GND 방안들은 그 목표 실현을 녹색 성장·번영과 연결시켰는데, 후자는 소득과 물질적 부의 증대로 널리 이해되고 있다. 반면 탈성장의 입장에서 보면, 모두의 소득을 증대하면 GDP가 증가하지만, GDP 증가와 환경 피해 증가 사이에는 상관관계가 있다. 유럽의 GND 안은 이 딜레마에 주목하고 있다. "무한정한 경제성장이라는 도그마를 종식"하자고, GDP 성장을 더이상 진보의 기본 척도로 사용하지 말고 대신 정말로 중요한 것, 즉 "건강, 행복, 자연환경"에 집중하자고 요청한 것이다. 2

탈성장과 GNDs 모두 재생가능 에너지의 신속한 대량 도입, 교통·농업 부문의 탈탄소화, 적정가適正價 탄소 제로 주택의 신규 공급과 리모델링, 재산림화와 생태적 복원을 약속한다. 그러나 탈성장은 여기에서 더 나아가, 재생가능 에너지를 확대하더라도 성장 경제는 비용과 위험의 증가를 수반한다는 점에 주목한다. 에너지원源이 소재하거나 광물이 채굴되는 지역사회들을 비롯해 모두에게 비용과 편익을 정의롭게 분배하기 위해 유럽의 GND 계획에는 환경정의위원회Environmental Justice Commission가 포함되어 있다. 또한 탈성장은 이런 움직임을 뒷받침하기 위해 사회경제적 비용을 줄이는 가장 근본적인 방식, 즉 총에너지 사용량 감소를 주창한다.

화석 연료에 의존하던 부문의 일자리와 소득이 에너지 전환 탓에 감소할 것이라는 두려움 탓에 강력한 정치적 저항이 나타났다. 부분적으로는 이러한 압력에 대처하느라 GNDs 주창자들은 경제 전반에 걸친 부양책 역할을 하며 녹색 경제 부문에서 새로운 일자리와 소비를 창출할 GNDs의 잠재력을 강조한다. 더러운 산업에서 깨끗한 산업으로 이행할 수 있음을 노동자들에게 납득시키는 것은 탈성장 비전에서도 핵심 내용이다. 하지만 우리의 네 번째 정책 패키지는 모두의 소득 증가가 아니라, 모두가 더 적은 노동시간을 통해 괜찮은 임금을 받는, 경제성장 없는 고용 증가에 힘을 실어준다.

경제성장 없이 어떻게 야심 찬 GND 실현을 위한 재원을 마련할 수 있을까? 우리의 다섯 번째 정책 패키지는 나머지 네 가지 정책 제안을 위해 재원을 마련하거나 재할당하는 공공 금융 대안을 담고 있다. GDNs에 착수하기 위해 정부는 아마도 공공 녹색 은행을 통해 GND 특별 공채를 발행할 수 있을 것이고, 이것은 프로젝트 자체의 수익을 통해 상환되기에 경제 전체의 성장이 필요하지는 않을 것이다. ³ 연금기금을 GND 프로젝트에 투자해 돈의 흐름이 공공 영역을 벗어나지 않게 할 수도 있을 것이다. 또, 중앙은행이 이 공채의 일부를 매입해 사실상 양적 완화를 경제성장과는 정반대 방향에서 추진하는 효과를 거둘 수도 있을 것이다.

보편적 기본 정책들

보편 기본 서비스Universal Basic Services[UBS]와 보편 기본 소득 Universal Basic Incomes[UBI]의 목표는 모든 사회 구성원이 건강과 자존감을 누리며 살 수 있는 여건을 구축하는 것이다. 그러면서도 동시에 이들 정책은 사회에 대한 무급 기여가 인정받게 하고 다양한 형태의 협동을 위한 기반을 조성하려 한다.

　　UBS는 돈 걱정 없이 음식, 주택, 대중교통을 향유할 권리와 더불어 만인을 위한 교육과 의료를 제공한다. 런던대학 세계번영연구소Global Prosperity Economics Institute 소속 경제학자들은 주거, 음식, 교통, 인터넷 접근을 보장하는 계획을 개발했는데, 여기에는 영국 GDP의 2.3%에 해당하는 비용이 소요된다. 그리고 이것은 현재 시행 중인 감세 제도의 2/3만 폐지해도 확보 가능하다. 4

　　UBI는 지방자치단체, 주, 국가의 주민에게 개인별로 지급하는 소득이다. UBI는 정의定義상 보편적이면서 무조건적이다. UBI는 관료적 비효율성과 관련되어 있고 오명을 뒤집어 쓰고 있는, 자산 조사를 근거로 한 실업 구제 같은 현존 현금 지원 제도를 대체한다. OECD 국가들의 경우 성인 기본소득을 1인당 국민소득의 15%-22.5%로 정할 경우, 상위 10%-15% 부유층에 대한 과세를 약간만 늘리면, 기본소득 재원 마련이 가능하다. 또한 소득공제 제도도 기본소득 제도로 대체될 수 있다. 5

　　루이스 호그Louise Haagh는 기본소득이 놀랄 만큼 다양한 이데올로기 진영들로부터 두루 지지를 받고 있고, 서로 전혀 닮지 않은 정치 행동들과 결합되어 있다고 평한다. 6 기본소득이 착취적 임금 관계에 대해 "아니라고 말할 자유"를 강화한다며 오랫동안 기본소득을 지지해온 카를 비더크비스트Karl Wiederquist는 캐나다, 핀란드, 케냐, 미국, 영국에서 진행 중인 실험들에서 배운 교훈을 통해 다양한 기본소득 디자인과 접근법을 평가한다. 7

어떤 방식으로 UBI를 실행에 옮기는지 그리고 그 목적이 무엇인지가 중요하다. 일부 변형된 UBI 정책은 빈곤을 완화하고 생산성을 향상시킴으로써 경제성장을 보조하는 것이 목표다. 탈성장과 보조를 맞추는 다른 UBI 정책들은 개인을 착취적 고용에서 해방하고, 환경 파괴 체제에서 벗어나는 대전환을 뒷받침할 수 있는 물질적 환경의 조성을 추구한다. 8 나아가, 일자리 대 자연환경의 싸움을 넘어 지속가능한 지구와 반드시 함께 하는 방식으로 살림살이 문제를 해결하는 정치로 나아가는 데 도움이 되는 물질적 환경의 조성을 추구한다. 9

급진적 페미니스트들과 나눈 대화를 통해 우리는 보편 돌봄 소득Universal Care Income[UCI]을 제안한다. 이것은 UBI의 또 다른 형태들을 토대로 한 것이지만, 가정과 지역사회의 생존과 안녕을 유지하기 위해 우리 모두가 수행하는, 성별 분화가 심각한 무급 돌봄 활동에 대한 사회적 인정을 전면에 내세운다는 점에서 차이가 있다. 10 돌봄 소득론은 우리 자신, 우리의 친족과 다른 많은 이들을 돌보는 우리 모두의 역량과 활동에 우리 모두의 부를 투자하는 것으로 보편 소득을 이해하며, 이러한 이해를 통해 형평(성)과 연대를 촉진하고자 한다.

탈성장의 핵심에 있는 것은 이윤 동기에서 비롯되지 않은, 의미 있는 물질적 지원을 통해 삶을 더욱 살만하고 즐길 만한 것으로 바꾸려는 집단적 노력이다. 보편적 기본 정책들은 시장 메커니즘이 아닌 수단을 통해 국가 전체의 부를 분배함으로써, 그리고 덜 시장화되고 더 느린 경제를 향해 전진하는 이행기에 모두에게 적정 수준의 물질적 여건을 계속 보장함으로써 탈성장 변혁을 뒷받침한다. 보편적 기본 정책들은 자원 사용량과 탄소 배출량을 줄이는 데 관건인 대중교통 같은 공공 서비스를 촉진하고, 일자리와 자연환경 보호 사이의 갈등이라 여겨지는 것들을 지양하도록 돕는다. 마지막으로, 보편적 기본 정책들은 지금과는 다른 라이프스타일을 탐색하고 시간과 관심을 어디에 쏟을지 선택할 시민의 자유를 강화한다.

커먼스 되찾기

그간 지방자치단체와 중앙정부의 정책들은 거의 모든 것을 상품화하고 사유화하는 요술을 부렸지만, 협동적인 생산과 필수재 공급, 생활을 촉진하는 데도 같은 수준의 실력을 선

보일 수 있다.

수도, 에너지, 폐기물 관리, 교통, 교육, 의료, 아동 돌봄 같은 서비스들은 영리 기업이 아니라 지방자치단체나 소비자 협동조합을 통해 제공될 수 있다. 2019년 캘리포니아 산불이 낳은 퍼시픽 가스전력회사Pacific Gas and Electric Company의 파산을 계기로 이용자가 공공설비를 소유하자는 방안이 많은 지지를 모았는데, 이 방안에 따르면 이용자가 이사회에 참여해 회사 경영을 감독하게 되고 주주에게 배당금을 지급할 필요가 없어져 비용이 절감된다. 이윤 추구라는 목표에서 자유롭게 되면 공공설비와 주택 같은 시스템은 점차 공공재common goods로 재인식될 수 있고, 협력적 거버넌스를 통해 생산·재생산될 수 있다.

바르셀로나는 적극적으로 커먼스 진흥 정책을 펼치는 도시들 가운데 하나다. 2015년 이후 시정을 책임지고 있는 시민 플랫폼인 바르셀로나 엔 코무Barcelona en Comú(바르셀로나 인 커먼, BiC)는 도시 혁신 기구인 바르셀로나 악티바Barcelona Activa(처음에는 민간 기업을 위한 인큐베이터였다)의 중점 사업을 확대했다. 연대 경제와 커먼스 기반 기업들을 지원하는 인력·인적 네트워크의 강화도 그 일부였다. BiC는 지속가능성과 사회적 책임을 우선시하는 공공 조달 기준을 채택했고, 신규 주택 전체의 30%는 사회주택이

어야만 한다는 법안을 통해 1,222채의 저렴한 아파트를 새로 공급했다. 시유지에 공유 형태의 사회주택을 신축한다는 계획도 추진했다. 자전거 도로를 250km 확장했고, 유휴 공유지를 마을 협동조합에 양도했다. 또한 공공건물에 공급되는 전력을 시 소유 부지에서 태양광을 이용해 생산하려는 목적에서 시영 배전업체인 바르셀로나 에네르기아 Barcelona Energia를 설립했다.

어느 공간이든 공익을 위해 수용收用될 수 있고, 필요한 경우 일정한 개입을 통해 커먼스로 전환될 수 있는데, 이런 개입들에는 공공 영역을 사유화하고 이로부터 이윤을 뽑아내려고 기획된 과거의 개입을 철회하는 조치도 포함된다. 유휴 부지를 광장이나 공원으로 바꾸고, 자연보전구역(해안, 숲, 산)에 대한 장벽과 입장료를 없애며, 이용자가 별로 없는 공공 소유 건물이나 방치된 민간 소유 건물을 재생해 주민 조직이나 마을 협동조합이 이용하게 하는 것 등이 그 좋은 사례이다. 저비용 혁신으로도 얼마든지 좋은 삶의 실현을 위해 성큼 나아갈 수 있다. 약 400 제곱미터의 면적을 감싸는 기간 도로망에 내연기관 자동차의 진입과 주차를 금지한 바르셀로나의 '자동차 없는 구역 superblocks' 프로그램을 보라. 자동차 없는 구역 한 곳에 드는 비용이라곤 교통 표지판 설치 비용이 전부이지만, 삶의

질과 주민 건강이 개선됐고 마을 경제가 활성화됐다. 11

사적 이윤 증대를 위해 고안된 현행 법안, 보조금, 감세 조치를 다양한 맥락에서, 다양한 규모로 사회적·연대적 기업과 협동조합을 지원하는 용도로 재편할 수 있다. 구체적인 방법으로는 법률상 지위 인정, 커먼스 기반 스타트업을 위한 훈련과 지원, 공공 조달 시 우선권 부여, 윤리적 은행이 조성한 기금, 세금·사회보장기금 감면, 도산倒産한 기업 소유권의 노동자 귀속 등이 있다. 12

질병과 감염병 유행에 맞서 회복탄력성을 제공하는 위생, 의료, 돌봄 커먼스는 가장 중요한 커먼스 가운데 하나이다. 이와 관련하여 탈성장은 지역과 광역의 돌봄·연대·지원 네트워크를 중시한다. 또한 예방 의료를 포함하며 예산이 풍부히 배정된 공공·협동조합 형태의 의료 시스템, 건강한 환경과 건강한 적정가의 먹을거리를 특히 강조하는 총체적 건강holistic health, 그리고 건강 취약성과 다른 위험들의 주요 원인인 불평등을 줄이는 조치를 중시한다.

노동시간을 단축하라

지난 세기 내내 생산성이 급증했다. 화석연료 사용을 동반한 기술·정보·조직 혁신이 인간의 노동시간 당 산출량을 배가하면서 일어난 일이었다. 현재 북미·서유럽 국가들은 모든 이들을 충족시키고도 엄청나게 남을 만큼을 생산하고 있다. (잘못된 분배 탓에 일부 시민들은 기본적 필요조차 충족하지 못하고 있지만.) 이러한 초과 생산을 해결하기 위해 시장 확장, 스타일 변화, 계획적 구식화를 통해 더 많은 수요를 창출하려는 필사적 노력이 나타난다. 성장 강박에서 해방된다면 각국은 과잉생산 문제를 해결할 한층 더 매력적인 대책을 채택할 수 있을 것이다. 시장 생산을 위한 노동시간을 줄이는 것, 자율적인 공동체 사업을 촉진하는 것이 바로 그것이다.

자동화와 인공지능이 꼭 일자리 상실로 이어지는 것은 아니다. 현직에 있는 이들의 주당 노동시간 단축은 구직자들에게 더 많은 기회를 열어준다. 이러한 흐름은 두 방면에서 긴장과 걱정을 줄여준다. 너무 많이 일하는 이들에게서 나타나는 삶의 마모 그리고 너무 적게 일하는 이들에게서 나타나는 삶의 불안이 그것이다.

역사를 보면, 생산성이 성공적으로 증가하는 상황에서 노동자들은 노동운동을 통해 주기적으로 임금 상승과 노동시간 단축을 달성했다. 하지만 최근 몇십 년간 단행된 구조조정으로 인해 과거와는 달리 생산 수익의 대부분이 기업 이윤과 주주 배당금으로 흘러갔는가 하면, 대다수 국가에서 평균 임금이 정체되고 평균 노동시간이 증가했다. 정부와 대기업의 정책들로 이러한 추세를 뒤바꿀 수 있다. 유급 휴가 연장, 육아 · 가족 돌봄 휴직, 안식년, 1일 노동시간 단축, 주 4일 노동, 시간제 일자리 촉진을 통한 노동시간 단축이 그런 정책들이다. 13 법적 보호장치와 모니터링이 서비스직과 원격근무직 종사자를 위한 인간적 한계 설정을 지원할 수 있다. 가령, 미국에서는 연방차량안전국 Federal Motor Carrier Safety Administration이 연속주행시간에 제한선을 두고 브레이크 필수 설치와 차량 내 탑재 컴퓨터를 통한 전 차량 모니터링을 실행한 뒤로 상업용 트럭 운전의 리듬에 큰 변화가 일어났다. 14

화석연료, 화학비료, 그 밖의 환경 침해 투입물을 줄인다면, 일부 영역에서 생산성 하락이 나타나 동일한 재화를 생산하는 데 더 많은 노동시간이 필요하게 될 것이다. 바로 이 대목에서 생산과 소비를 줄인다는 탈성장의 목표가 에너지 전환, 공정 고용, 인간과 자연환경의 동시 안녕이라는 주제와 만나게 된다. 총노동시간을 줄이면 탄소 배출을 포함한 환경 악영향이 줄어들게 된다. 15 적게 일하고 적게 생산하며 소비할수록 화폐와 연관되지 않은 활동, 가령 여가, 돌봄, 공동체 참여 등에 보내는 시간도 자연스럽게 늘어나 건강하고 회복력 높은 사회를 건설하는 데 도움이 된다.

　　　　새로 생긴 자유시간을 쇼핑, 해외여행, 컴퓨터 게임 등에 보내며 더 많은 에너지와 자원을 사용할 것이라는 우려가 있지만, 이런 우려는 생각하고 창조할 시간과 에너지를 갖게 되면 사람들이 마치 우리 가운데 다수가 어렸을 적 그랬던 것처럼 얼마든지 상상력과 재치를 발휘할 수 있음을 무시하는 것이다. 탄소 부담금을 물리면, 환경에 끼치는 부담이 큰 휴양 산업의 매력을 줄일 수 있다. 사람들이 서로 어울리며 즐거운 시간을 보낼 문화 환경은 공공 축제와 스포츠를 통해 마련될 수 있다.

녹색사회와 평등사회에 기여하는 공공 금융

경제성장 없이 어떻게 이러한 정책들에 필요한 재정을 마련할 수 있을까? 이윤과 GDP 확대를 정치적으로 우선시하던 태도에서 벗어나면, 정부 세입과 지출을 재편할 여러 대안의 선택이 가능해진다.

　　　　캐나다와 스위스에서 이미 시행 중인 탄소 부담금 · 배당 프로그램은 온실가스 배출을 줄이면서 동시에 소득을 서로 나누는 효과를 낳고 있다. [16] 전문가들은 톤 당 약 100달러의 탄소 부담금이면 미국 사회에 실질적인 영향을 끼칠 것이라 추정한다. [17] 이런 부담금으로 충당

되는 '기후 소득'은 앞서 기술한 보편적 기본 정책들을 위한 재원으로 사용하는 등 공적 프로그램을 통해서 사회적 공유가 가능하다. 또한 이와 병행하든 아니면 대체하는 방안으로든, 신용 대부를 통해 개인에게 지급할 수도 있을 것이다. 일부 제안은 고소득자에게 더 많은 탄소 비용을 징수하고 소득 순위 50% 이하에 속한 이들의 순소득을 증대시키는 방식으로 부담금과 배당의 균형을 맞추자는 내용을 담고 있다.

　　　탄소 부담금이 성공적으로 시행되면 탄소 배출이 줄어들 것이고, 이는 지구에는 좋은 일이지만 시간이 지날수록 탄소 배출이 감소하면서 현금 배당액도 감소할 것이다. 예상 가능한 이 감액분은 단위 당 부담금의 계획적 증가를 통해서 그리고 정부 지출 우선순위의 점진적 변화를 통해서 상쇄될 수 있다. 단적으로 화석연료 탐사와 채굴에 대한 보조금 지급을 중단하면, 상당한 여유 자금을 확보할 수 있다. GDP 성장을 추진하려는 저의에 따라 배정된 예산을(대기업에 대한 보조금, 약품 개발이나 국방 지출을 예로 들 수 있으며, 미국에서 이를 모두 합치면 2019년 현재 약 7,000억 달러에 이른다) [18] 시민과 정치인들이 점점 더 의문시할수록 정부는 예산 배정을 국가에서 가장 가치 있는 자원, 즉 건강하고 행복한 인간 쪽에 두게 될 것이다.

사회를 지탱하는 것(사람들이 수행하는 노동)에 과세하길 멈추고, 사회를 파괴하는 것(공해와 불평등)에 과세해야 한다. 물과 대기 오염, 유독 폐기물과 탄소 배출 혹은 자원 추출 활동에 전략적 세금을 징수할 수 있다. 과세는 지구나 인간에게 해로운 제품, 즉 육류, 설탕 과잉 청량음료, 플라스틱, 너무 잦은 비행 등의 소비를 적정 수준으로 줄이는 데 도움이 된다. 또한 부가가치세와 판매세가 소득 역진적일 수 있는 데 반해 사치세(가령 SUV, 요트, 개인 소유 제트기)는 중요한 세원이자 공정의 제스처가, 나아가 과시적인 소비와 자원 사용을 포기하도록 압박하는 수단이 될 수 있다.

불평등은 전 세계적으로 조정된 누진적 자산 과세를 통해 완화될 수 있는데, 금융 거래와 환차익에 대한 전 세계적 과세와 함께 자본, 거액 상속, 부동산에 과세하자는 토마 피케티Thomas Piketty의 제안이 그 한 방안이다. [19] 또 다른 핵심 정책은 누진 소득세인데, 미국에서 뉴딜을 통해 도입되었고, 이후 이례적인 경제 평등과 세대 간 사회 이동intergenerational mobility[12] 시기의 도래에 일조한 소득세가 좋은 사례다. 1936년부터 1980년까지, 미국 거주자에 대한 개인 소득세 최고 한계세율은 70%에서 91%로 뛰었다. [20]

---

12 개인이 부모 세대의 사회적 지위와 상관없이 자신의 노력을 통해 더 나은 지위에 도달할 수 있는 가능성이 높은 사회를 '세대 간 이동성'이 높다고 한다.

오늘날 이러한 조세 제도를 실시하려면, 억만장자를 끌어들이기 위해 낮은 세율을 이용하는 국가들이 바닥을 향한 경주를 벌이지 못하도록 세금 천국과 조세 피난처를 국제적으로 규제해야 한다. 21

소득 분배를 더 공정하게 만들 수 있는 또 다른 정책 패키지로는 최저임금과 평균 임금의 인상, 노동자의 단결권과 단체교섭권이 있다. 아마도 이보다 더 핵심적인 것은 고율의 누진 과세와 한도 설정을 통해 최고 소득을 제한함으로써 '이만하면 충분하다enough is enough'는 상식을 고취하는 것이다. 22 이미 여러 기업, 비영리단체, 정부기관들이 최고 소득과 최저 소득의 비율이 8:1이 넘지 않음을 인증받기 위해 웨이지마크Wagemark라 불리는 국제 표준13을 이용하고 있다. 23 2016년, 오리건 주 포틀랜드시는 주민 투표를 실시해 최고 급여와 최저 급여 비율이 정해진 수준을 넘는 회사에 막대한 추가 세금을 부과하기로 결정했다. 24

만약 이러한 조세 정책과 최고한도 설정이 성공하면, 각국 경제는 더욱 평등해질 것이고 과세 대상이 되는 가해도 축소될 것이다. 이 모든 것은 사회와 환경에 좋

---

13   구성원이 받는 급여 중 최고액과 최저액의 비율이 8:1 이내인 조직에 대해 캐나다의 비영리단체 웨이지마크 재단Wagemark Foundation이 발급하는 국제 표준이다.

은 일이다. 물론 이와 동시에 이들 조세를 통한 세수는 감소할 수 있고, 공공 금융의 수입-지출 상황도 변할 것이다. 하지만 장기적인 계획을 세우면 공공 서비스 지출을 줄일 수 있다. 기업 아웃소싱을 줄이고, 좋은 삶의 구현을 앞당길 저비용 개입(예컨대, 가장 값비싼 최신 병원 장비 구입 대신에 가족 주치의를 통한 예방적 건강 관리)에 집중하는 방식을 통해서 말이다. 저부담 · 저비용 세계를 건설하기 위해서는 비용이 상대적으로 적게 드는 연대 · 공동체 경제를 점차 강화하는 것이 진실로 중요하고, 이는 고통스러운 긴축이 아니라 모두에게 두루 좋은 삶으로 체감될 것이다.

시너지

이 다섯 가지 정책 패키지를 병행하면, 시너지가 생길 것이다. 법인세와 부유세를 강화하면서 지출을 재편성하면, 그린뉴딜과 보편적 기본 서비스를 위한 재원을 마련할 수 있다. 기본소득이나 탄소 배당금은 일부 사람들 사이에서는 소비를 자극할지 모르지만, 자원세와 탄소 부담금을 부과하면 생태적으로 해로운 선택을 줄이도록 유도할 수 있을 것이다. 공동체 경제 강화 정책은 노동시간 단축이나 보편적 돌봄소득 보장을 통해 해방되는 창조적 에너지의 출구를 제공한다. 정규직이어야만 의료, 연금, 교육 같은 혜택을 받을 수 있는 정책으로 인해 노동시간 단축 가능성이 억제되고 있는 사회인 미국에서 보편적 기본 서비스를 실시한다면, 기업, 학교, 그 밖의 기관들이 더 유익한 방식으로 노동력을 고용하고 조직할 가능성이 생길 것이다.

긍정적인 탈성장 전환에 기여할 수 있는 다른 정책 개혁안들도 무수히 많지만, 지면 제약 탓에 다루지는 못한다. 그 가운데에서도 근본적으로 중요한 방안은 결제용 화폐의 지배 영역을 제한하고, 완전(혹은 공공) 화폐[14]를 창출하며, 민간은행이 대부를 통해 새로운 화폐를 창출하지 못하게 금지하고, 지역공동체 통화와 시간은행을 지원하자는 제안, 이로써 화폐 시스템을 혁신하자는 제안이다.[25] 또 다른 중요한 방안은 육류 과잉 식단에서 벗어나고 폐기물을 줄이는 푸드 시스템 변혁 그리고 지역사회가 지원하는 생태 친화적 농업의 장려다. 농촌을 되살리고 사람들이 돌아오게 만들며 농촌 경제와 생태환경에 다시금 활력을 불어넣는 일도, 건강한 탈성장을 뒷받침하는 데 결정적인 역할을 할 수 있다.

---

14 완전 화폐positive money 혹은 공공 화폐public money 방안은, 사실상 민간은행이 신규 화폐를 창출하면 국가로부터 독립적인(혹은 독립적이라고 주장하는) 중앙은행이 이를 조정할 뿐인 현행 방식이 아니라, 민주적 정부의 통제를 받는 중앙은행이 화폐를 발행하게 하자는 제안이다. 완벽 화폐full money 혹은 주권 화폐sovereign money로도 불린다.

하나의 지구, 서로 다른 현실들

이 책에서 간략히 제시한 제안들은 우리가 잘 아는 스페인이나 미국 같은 OECD 국가들에 부합한다. 이 가운데 일부는 다른 상황에 있는 나라들에 적용돼 결실을 맺을 수 있을 것이다. 하지만 우리는 우리 자신의 경험을 비서방 혹은 저소득 국가들에 투사하기보다는, 이들 국가의 지역공동체, 시민사회, 환경·사회정의 단체들에서 제기된 제안들에서 배우는 데 더 관심이 많다.

탈성장론에 따르면, OECD 국가들은 뒤에서 성장을 추격하고 있는 나머지 국가들에 훈수를 늘어놓기 전에 자기네 국가부터 정비해야 한다. 가장 먼저 해야 할 일은 저소득 국가에서 고소득 국가로 향하는 돈과 천연자원의 유출을 중단시키는 것이다. 제이슨 히켈Jason Hickel의 보고에 따르면, 2012년 개발도상국들은 자신들이 받은 원조금의 2.5배를 외채 상환과 자본 유출을 통해 공여국에 돌려줬다. 26 이것만큼이나 중요하면서도 계량화하기는 더 어려운 것은 저소득 국가가 고소득 국가에게 제공하는 인간 자원 형태의 보조금이다. 이것은 저소득 국가가 양육·교육하고 돌본 인간들이 (글로벌) 기업의 이익을 위해 값싼 노동을 하거나 고소득 국가에서 일하려고 이민 갈 때 지불된다. 부유한 국가로 가치가 유출되는 것을 제한하기 위해 히

켈은 역외비밀지역secrecy jurisdiction 15 폐쇄, 불법 유출을 부추기는 은행가와 회계사 제재, 돈이 전 세계를 떠돌게 만드는 유인을 제거하기 위한 전 세계적 법인소득세 부과를 제안한다. 그(그녀)는 다른 많은 이들과 함께, 가난한 국가들의 과잉 부채를 탕감하라고 주장하는데, 이를 정당화하는 근거 가운데 하나는 고소득 국가가 저소득 국가에 대해 지고 있는 생태·탄소 부채를 배상해야 한다는 것이다. 27

　　　전 세계적 환경정의를 향한 전진은 기후 붕괴에 맞서는 행동으로 시작될 것이다. 생산과 소비를 줄이면, 탄소 배출량도 감소할 것이다. 하지만 기후변화에 맞선 탈성장의 투쟁은 GDP 감축이 다가 아니다. 이 책에서 요약 정리한 제안들, 즉 에너지 전환에 동력을 불어넣고 생태계를 복원해 탄소를 흡수하게 만드는 GND 투자, 만인을 위한 저탄소 공공 서비스 보장, 탄소 부담금과 배당, 탄소 배출을 줄이는 노동시간 단축, 저탄소 공동체 경제와 삶의 방식에 대한 지원 등이 상호작용을 일으키는 것이 핵심이다.

　　　이와 관련된 탈성장 지향 정책 방안에는 화석연료 신규 개발 중지, 화석연료 광고 금지, 화석연료 의존 산업에 종사하는 노동자들을 위한 정의로운 전환과 함께

15　은행의 비밀 엄수 규정을 내세우며 검은 돈의 출처를 불문에 부치는 조세 피난처를 일컫는다.

하는 화석연료 생산의 단계적 폐지가 포함된다. 그 외에도 과다 비행에 대한 과세, 자동차 도로망과 공항 확장 중단, 탄소 제로 도시 정책, 신규 자동차와 발전소에 대한 엄격한 탄소 배출 기준 적용, 신규 주택에 대한 패시브 하우스[16] 기준, 임대용 부동산에 대한 에너지 효율성 기준 적용 같은 방안이 있다.

이 책에 제시된 정책들은 환경적 악영향을 억제할 뿐만 아니라 경제 침체에 대처할 여건을 마련하기도 하는데, 이 경우 탈성장 관점에 따른 목표는 성장을 재개하는 것이 아니라 성장 없이도 좋은 삶을 유지하는 것이다. GND를 실시하면, 발전할 필요가 있는 경제의 건강한 부분에 활력을 불어넣고 고용을 이 부분으로 이동시킬 수 있다. 일자리 공유가 추진되면 고용이 감소한 상황에서도 더 많은 노동자들이 일자리를 공유할 수 있다. 보편적 돌봄소득은 경제적 혼란기뿐만 아니라 기후변화로 더욱 격심해지고 있는 홍수, 화재, 폭풍, 감염병 유행 그리고 여타 형태의 재난 상황에서도 사람들을 지원하고 그들이 자신과 부양가족을 돌볼 수 있게 한다. 팬데믹 와중에 유가가 크게 하락

---

16 벽과 창, 문의 기밀·단열 효율성 향상하여 열의 손실분을 최소화하고 공급분을 최대화하는 방식, 태양 에너지 활용 효율성을 최대화하는 방식으로 에너지 문제를 자연친화 방식, 에너지 자립 방식으로 해결하는 주택을 뜻한다.

했는데, 이야말로 탄소세를 실시할 절호의 기회이다.

탄소 배출과 여타 형태의 환경 침해를 줄인다고 알려진 많은 정책뿐만 아니라 건강 혹은 돌봄 커먼스를 강화한다고 알려진 정책들은 경제를 후퇴시킬 것이라는 두려움에 가로막혀 전진하고 있지 못하다. 전 세계 환경과 인간의 건강을 경제성장의 제단에 제물로 바치지 않기 위해 우리는, 이 장에서 제시한 새길을 여는 다섯 가지 정책 패키지를 통해, 경제성장 없는 상태의 복지와 복리를 구현하고자 한다. 이들 개혁을 실천하기란 지극히 어려운 과업이고, 경제가 성장하고 경기 부양이 되는 상황이 아니라 경제가 축소되는 상황을 염두에 둔다면 더욱더 난제이다. 누가 이런 급진적 의제를 관철하기 위해 조직화에 나설 것이며, 그 방법은 무엇인가? 이 고된 노력을 함께 할 동맹 세력은 누구인가? 현재의 정치 환경에서 기회는 무엇이고, 장벽은 무엇인가? 이제는 이 물음들과 그 밖의 전략적 질문에 답할 차례다.

5장

대중 조직화를 위한 전략

미래를 그려보는 것도 중요하지만, 그것 못지않게 중요한 것은 현재에서 미래로 나아가는 사회운동을 조직하는 것이다. 이 장에서 우리는 탈성장(성장 지양, 적정 성장) 지향의 전환 운동이 누구에 의해, 누구를 위해, 어떻게 조직될 수 있는지 질문한다. 문화적 변화, 사회경제 · 기후위기, 시민 사회의 불안정, 정당 정치의 변동이라는 파도 속에서 나타나는 새로운 가능성과 장애물을 탐구한다. 그런 후 여러 행위자와 이익 집단들 그리고 여러 형태의 대중 조직화로 이어질 수도 있는 사회운동들 사이의 연대를 구축하는 데 어떤 기회와 어려움이 있는지 살펴본다.

　　　에릭 올린 라이트Erik Olin Wright는 전환을 위한 세 가지 전략에 관해 이야기한다. 침투 전략(현 시스템 중에서 균열이 일어난 곳에서 대안을 구축하는 전략), 공생 전략(시스템 내부에서 개혁을 만들어가는 전략), 단절 전략(지배적 시스템에 대항해 반란이나 교란을 일으키는 전략)이 그것이다. 1 이미 3장에서 봤듯, 균열 지점에서 대안을 구축하는 일은 경제성장 의존도를 낮추고, 상식을 바꾸는 일상적 실천을 수행하는 데 긴요하다. 우리는 협동조합과 생태적 코뮌들과 다른 실천 형태들에서 희망을 보지만, 이러한 것들이 시스템을 벗어나 있다고 보는 것은 아니다. 우리는 이것들을 새로운 상식을 만들어내고, 더 큰 변화를 향한 새 정치 지평을 건설하는 목적성 있는 실천들로 여긴다. 4장에서 서술된 것들과 같은 체계적인 개혁은 판 자체를 바꿈으로써, 더 많은 사람들이 어떤 변화가 필요한지를 알아차리고, 다른 방식으로 살고, 바람직한 사회를 위해 기여하게 할 것이다. 비폭력 행동, 시위, 집단행동, 파업 그리고 여타 형태의 단절적 갈등 또한 사업들을 보호하고 더 많은 개혁을 옹호하는 데 필요하다.

따라서 우리의 전략은 공동체를 만들어가는 행동, 정치적 행동과 혁신을 개인적 행동과 접맥하는 공진화 전략이다. 탈성장 정책들을 실현하고 지속시키려면, 탈성장을 어떤 추상적 생각으로 여기는 것이 아니라 일상적으로 실천에 옮기는 실제 시민이라는 강력한 기반이 필요하다. 그렇기에 우리의 전략, 그 출발점은 공동체 경제에 힘을 싣는 것이다. 공동체 경제야말로 환경 부담이 적은 세상을 만들어내고 지속시키는 오래 갈 게임에 필요한 새 정체성과 상식을 강화하고, 풀뿌리 운동을 키워낼 것이다.

탈성장이라는 미래는 경제성장을 뒷받침하기 위해 진화한 계급 · 인종 · 젠더 · 식민적 위계질서로부터 이탈하는 것이다. 하지만 그 미래는 특정 집단을 배제하지도, 특권화하지도 않는다. 정치 주체들은 실천과 분쟁 속에서 형성될 것이다. 공동체 경제를 지원하고, 경제성장 없는 번영 사회의 대안을 미리 보여주는 새로운 상식을 실천하는 과정 속에서 그렇게 될 것이다.

기후 붕괴, 불평등, 권위주의가 점점 더 빠른 속도로 악화하는 현실을 볼 때, 여기서 우리가 제안한 문화적 변화의 속도가 지나치게 느리다고 생각될지도 모르겠다. 물론 우리는 긴급한 대응행동 역시 실천해야 한다. 하지만, 우리의 운동이 점진적이고 축적되는 과정일지라도, 체감되는 결과물이 도출되는 속도가 느릴 이유는 없다. 예측할 수 없는 사건들이 새로운 여건을 만들어내고, 가능성을 열거나 닫고, 지속가능한 사회 만들기에 무엇이 가장 중요한 과제인지 새로운 시각을 제공해줄 수도 있다. 문화적 변화의 흐름이 어느 순간 정점에 도달하고, 그 후론 급격한 변화가 나타날지도 모른다. 어떤 연구들에 의하면, 사회 전체의 변화에 촉매작용을 하려면, 총인구의 25%가 변해야 한다. 2 한나 아렌트Hannah Arendt가 우리에게 가르쳐주었듯, 정치는 예상치 못했던 것들, 전례 없던 것들이 현실에 나타나게 한다. 단 몇 개월 만에, 한 스웨덴 여자아이가 벌인 1인 '기후 등교 거부' 시위가 전국의, 세계 곳곳의 대중 조직화로 이어졌고, 이 운동은 여론과 정치적 회의체들, 나아가 젊은 (그리고 그다지 젊지 않은) 세대의 일상적 선택에 거대한 영향을 미쳤다.

경제성장이 초래한 결과들 사이에 있는 가능성

라이트는 기성 사회 질서가 초래한 의도치 않은 결과들 속의 기회를 사회운동이 붙잡을 가능성에 주목한다. 기후위기는 그린뉴딜, 탄소 부담금과 배당금, 라이프스타일 변화 등과 관련하여 이례적이고 엄청난 대중 조직화 기회를 열고 있다. 보수당 지지자의 거의 절반을 포함하여 대다수 영국인들은 2030년까지 탄소 제로 경제를 구축하기 위한 급진적 프로그램을 지지하고 있다. 3 변모하는 기술, 의료 위기, 기후위기로 인한 일자리 상실로 인해, 기본 돌봄 소득이나 노동시간 단축을 요구할 기회가 창출되고 있다. 동시에, 지독한 불평등과 가난으로 인해 부유세, 급여 간 비율 조정, 보편 서비스 같은 정책을 고려할 가능성이 열리고 있다. 또한 소비자 부채, 담보대출, 학생 부채, 국가 부채의 지속적인 축적으로 인해, 부채상환에 반대하는 조직화된 시위에 대한 체제의 대응력이 취약해지고 있다.

문화적 변화들 역시 새로운 가능성을 열어젖히고 있다. 지난 수십 년간, 환경운동 진영은 라이프스타일의 변화를 옹호해왔지만, 자동차 이용과 육식이 인간과 자연환경의 건강에 문제를 유발한다는 이야기는 히피족과 과격한 녹색당원들이나 하는, 들으나 마나 한 이야기로 치부되었다. 하지만 오늘날 자전거를 이용한 이동, 공유 경제 참여, 채식 위주 식사는 너무나도 보편적인 상식이 된 나머지 맥도널드조차도 채식 버거를 제공할 정도이다. 상업적 언론과 소셜 미디어는 경쟁적이고 과시적인 소비를 여전히 추켜세우고 있지만, 경제성장이 요구하는 희생을 걱정하는 목소리가 이 플랫폼들에 점점 더 자주 등장하고 있다. 환경적 해악만이 아니라 돈·외모 집착, 부채, 불안, 외로움, 불규칙한 식사, 기타 다른 중독과 같은, 개인들이 지불하는 비용을 우려하는 목소리다.

세계 도처에서 사람들은 더 나은 방식의 삶과 소비를 모색하고 있다. 어느 설문조사에서 29개국 국민의 70%는, 과소비가 우리의 지구와 사회를 위태롭게 한다는 데 동의했는가 하면, 50%는 자신의 소유물 대부분이 없더라도 행복하게 살 수 있다고 말했다. 또한 응답자들은 자동차에서 교과서, 별장까지 모든 것을 공유하는 행위가 이제는 보편화되었다고 이야기했다. 4 문화와 상식상의 이러한 변화들이 일관된 개인적 실천이나 투표 행태로 곧바로 이어지는 것은 아니다. 하지만 그 변화들은 분명 비옥한 토양을 조성한다.

시민사회는 정부가 이러한 사회 의제에 힘을 실도록 정부에 압력을 가해야 한다. 하지만 시민사회 내 어떤 경향이 그럴 가능성을 창출할까? 2010년 월가 점거 운동, 스페인 인디그나도스Indignados 17 운동과 동시에 나타난, 보통 '아랍의 봄'이라고 알려진 일련의 시위와 봉기들은 현 정부들의 정책 변화, 정치 시스템 전체의 전복 등을 요구하며 기성 체제를 향한 강한 불만을 표현했다. 이 운동이 야기한 결과는 지역별로 상이했다. 구조적인 변화가 있던 곳도 있었고, 잔인한 진압으로 귀결된 곳도 있었다. 거의 10년이 지난 지금, 그 시위들의 역사적 원인이, 각 시위 간 관계가 무엇이었는지에 관한 일치된 견해란 없다. 여러 이슈들이 있지만, 그중에서 우리의 눈에는 경제성장과 관련 있는 기본적인 문제들이 들어온다. 불평등, 착취, 그리고 성장과 침체를 오가는 롤러코스터식 질주의 역학 같은 문제들 말이다.

우리가 이 책을 쓰고 있는 2019년 말 현재, 칠레, 에콰도르, 아이티, 베네수엘라, 레바논, 프랑스 등지에서는 거대한 저항운동이 분출하고 있다. 이 운동은 어떤 방향으로 나아가게 될까? 이 운동들의 원인이 단일하지도 않

---

17 2011년 스페인 정부가 시행하기 시작한 긴축재정 정책에 반발해 등장한 대중 시위, 점거 운동. 2011년 5월부터 2015년까지 지속되었다.

고, 이 가운데 탈성장(성장 지양)이라는 이름을 내건 운동도 없지만, 우리는 여기서도 경제성장 추구 속에서 위험한 한계선을 점점 더 많이 침범하고 있고 갈수록 더 많은 희생을 강요하고 있는 정치경제 문제를 인지하게 된다. 가령, 중남미 전역의 정치적 동요는 경기 침체와 부채라는 현실 속에서 나타나고 있다. 그리고 이런 현실의 이면에는 급증한 상품원료(석유, 광물, 목재, 콩 등) 추출주의가 경제성장의 연료가 되었던 지난 10년, 각국 정부가 경제성장으로 인한 희생을, 모두를 위한 번영과 더 많은 기회 창출이라는 약속으로 정당화했던 지난 10년이 있었다.

　　　탈성장을 강화하는 실천들과 발상들이 일상 문화와 시민사회에서 이야기되고, 뿌리 내리고 있고, 그에 따라 정치의 장에서도 이러한 것들이 정식으로 표현될 여건도 무르익고 있다. 실천 주체들이 서로 이야기하고 염원하던 아이디어들은 일부 정당에 의해서는 수용되고 발전되고 있는 반면, 다른 일부 정당에 의해서는 공격받고 있다.

　　　탈성장론이 내놓은 일반적 제안이 EU 위원회와 영국 하원에서 논의되었다. 5 한편, 탈성장 의제의 여러 요소가 다양한 현실 정치 무대에 등장하고 있기도 하다. 예컨대, 뉴질랜드 집권당인 노동당은 GDP 성장보다 행복한 삶을 우선시하는 사회를 향해 뚜렷한 발걸음을 내딛었고,

그에 따라 시민들의 정신적·육체적 건강을 보강하고, 어린이 빈곤을 줄이며, 선주민을 지원하고, 저탄소 경제로 나아가며, 디지털 시대에 걸맞는 번영을 이루는 사업에 국가 예산을 투입했다. 6 영국 노동당은 GND와 UBS, 주4일 노동을 주장한다. 또한 전력 부문, 철도 등 공공 인프라를 (화석연료와 분리한다는 목적으로) 완전히 또는 부분적으로 국유화하거나 규제하는 선택지를 주장한다. 7 COVID-19 팬데믹의 한복판에서, 스페인 국회는 필요한 이들에게 보장되는 최저 소득을 위한 계획안을 작성하고 있다.

그렇긴 하나, 여전히 경제성장은 대부분의 공식 정치의 중심에 있다. 뉴질랜드 노동당은 공식적으로는 더 이상 GDP 성장을 환영하지 않을지 모르지만, 매년 2%의 경제성장을 전망하고 있다. 아직 우리는 그 어떠한 선출된 정치적 지도자로부터도 탈성장을 명백히 옹호한다는 이야기를 듣지 못하고 있다. 기업에 의존하는 언론·정치 환경에서 탈성장을 옹호한다는 것은 위험한 행동인 것이다. 우리가 제시한 획기적인 개혁안들을 지지하는 이들은 종종 그것들을 경제성장과 병행 가능한 것으로 해석하곤 한다. 하지만 향후 시간이 더 지나면 그리고 변화를 위한 풀뿌리 민중의 노력이 지속되면, 문화적·경제적·환경적 압력 속에서 일부 정치인들과 정당들은 이미 자신들이 지지하고 있는 전환적 정책과 비전을 경제성장 이데올로기에서 분리하게 될 것이라고 우리는 생각한다.

경제성장이 초래한 결과들 속의 난제

이 책에 제안된 아이디어들에 대한 반발이 사회안정, 지정학적 이해관계와 전통적 정체성 보호라는 미명 아래 나타나고 있다. 보수적 철학자 존 그레이John Gray는 "최대한의 경제성장을 진흥하는 프로젝트란 아마도 고통에 처한 인류 앞에 제출되었던 역사상 가장 저속한 이상일 것"이라며 경제성장의 문제를 인정한다. 하지만 존 그레이는 또한 다수 시민의 물질적 소비량을 감축하려는 정치 기획은 "포퓰리즘적 반발과 지정학적 격동"을 유발할 것이고, "이러한 현상은 안정된 상태를 향한 그 어떤 움직임에도 방해가 될 것"이라고 경고한다. 9

경제성장 종식은 경제성장을 중심으로 건설된 정치경제의 안정성에 심각한 위협이 될 것이다. 예기치 않은 경기 침체, 불황, 긴축재정으로 인해 일상이 무너지는 고통을 겪고 있는 사람들이라면 당연히 경제성장 종식 요청을 자발적으로 거부할 것이다. 일부 정치인들은 경제성장이 초래한 문제들에 관한 증거를 손쉽게 부인해버리고는, 그 문제들의 징후에 주목하는 논객들을 공격한다. 2장에서 이미 소상히 말했지만, 지금과 같은 불안정한 시대에 각국 정부는 경제성장에 곱절의 힘을 실으면서 재분배 필요로부터 시민들의 눈을 돌렸다. 또한 변형된 생산 시스템 속에서는 낡아빠진 형태의 고용을 필사적으로 유지했고, (재분배가 아니라 성장을 통해) 사회복지 서비스에 예산을 투입했다. 경제성장이 비틀거리는 경제 위기의 시대에는, 탈성장 비전에 대한 공격과 경제성장이라는 정상상태로 복귀하자는 요청은 왕왕 더욱 강렬한 공격성을 띠기 마련이다.

경제성장은 지정학적 권력의 버팀목 역할을 한다. 식민지 팽창기부터 군비 경쟁으로 점철된 냉전기까지, 일국의 경제성장은 세계 체제 내부에서 그 국가가 차지하는 권력과 긴밀히 연결돼 있었다. 우월한 경제 권력 덕분에 일부 국가는 다른 국가 내 인적 자원과 자연 자원에 손쉽게 접근해, 그것을 착취할 수 있었다. 동시에, 그로 인한 수입은 거대 규모 군비 투자를 가능하게 했고, 배가된 군사력은 앞서 말한 접근과 착취의 기회를 만들고 보호하는 데 활용되었다.

어떤 여건이 조성되어야 OECD 국가들이 평화적으로 퇴각할 기회가 열리게 될까? 소비량이 감소하고, 에너지·식량 자급량이 증가함에 따라 그들이 다른 국가들을 식민지화하고 착취할 필요에서 해방되는 평화적 퇴각

말이다. 일부 지역 내 실천을 UN, EU, IPCC 같은 세계 거버넌스 메커니즘들의 공고화와 결합하려면 (이러한 요구는 탈성장이라는 의제를 초월한다) 여러 규모의 전략들이 필요하다. 세계적 차원의 조정과 강제력이 없는 한, GND나 일국 내에서 실시된 부유세 같은 정책 제안들은 해외 자본과 국내 자본의 타국으로의 이동을 촉발할 것이고, 그렇게 되면 안정된 상태로의 조직화된 이행은 무질서한 붕괴로 변질될 것이다. 국가 간 협력은 연대적인 방식의 필수재 공급을 우선시하는 각국의 정책을 보완하고 지원할 수 있다. 그렇게 되면, 향후 예상되는 전 세계적 대란에 대한 각국의 자율적 대응력을 증진할 수 있다.

   권위주의로 회귀하려는 충동과 변화를 거부하려는 충동이 결합하고 있고, 이것이 문제를 불러내고 있다. 역사적 경험들은 급격한 경제 쇠락이 권위주의 세력을 양산할 수 있음을 보여준다. 이 세력은 경제 쇠락을 초래한 집단을 비난하는 메시지 그리고 과거의 번영과 질서로 복귀하겠다는 약속의 언어를 동원하며 권력을 획득한다. 변색한 환경은 변색한 대응을 불러내는 법이고, 이 둘은 불안을 생산한다. 정치인들은 시민들로 하여금 시민들 자신의 정체성과 가치, 삶의 방식이 새로 제안된 대응 방안으로 인해 위협받는다고 느끼도록 함으로써 변화에 대한 두려움을 키울 수 있다. 최근의 사례로는 백인 민족주의·극우 집단의 성공적 캠페인들을 들 수 있을 것이다. 이 캠페인들은 기후 부정론, 팬데믹 부정론, 안티 페미니즘, 낙태 반대론, 환경주의 반대론, 채식주의 반대론, 이민 반대론 같은 입장에 힘을 싣고 있다.

탈성장 운동을 조직하는 사람들의 입장에서는 선거 정치에 진출한다거나, 지정학적 지배를 향한 움직임과 타협한다거나, 반동적 권위주의와 폭력적 반발을 견디기란 어려운 일이다. 위에 요약된 폭발적인 시민 불복종 운동, 특히 비민주적이며 결코 정당화될 수 없는 질서를 유지하려고 폭력을 사용하는 이들에 맞서는 거대한 비폭력 저항운동은 하나의 선택지일 수도 있을 것이다. 그러나 경제성장의 부재 속에서 분출할 수도 있는 여러 형태의 경제적·사회적·정치적 무질서에 대한 두려움은, 정치인들과 시민들이 우리가 말하는 가치들과 정책안들에 대해 공감하지 못하게 만드는 가장 큰 한 가지 방해물이다.

동맹 구축

이와 같은 버거운 정치 환경 속에서는, 동맹이 근본적으로 중요하다. 자연 애호가, 돌봄 제공자, 어린이가 있는 가정, 자전거 마니아, 비건, 업무량이 많은 전문가, 히피, 실업자,

부채를 안고 사는 가족, 기후 난민, 대지로 돌아가자는 사람, 퇴직자, 반-식민주의 운동과 반-자본주의 운동에 참여하는 사람 등 다양한 사람들이 참여하는 무수한 잠재적 동맹이 가능하다. 여기서 우리는 여러 핵심적인 동맹들 가운데 몇 개만 선택적으로 살펴보려 한다. 노동자들, 페미니스트들, 반-인종주의자들, 저소득 지역 거주민들이 그들이다.

제조업, 건설업, 교통운수업, 학교, 병원, 호텔 등의 휴양업, 식료품 유통업, 그 밖의 부문에서 일하는 사람들은 필수불가결한 동맹 세력이며, 일반적인 노동조합부터 온라인 커뮤니티까지 여러 형태의 노동자 단체들은 대중 조직화의 구심점이다. 그러나 화석연료 의존을 종식하고 생태적 가해를 저지하자는 제안들은 일자리와 일정 생활 수준과 안정된 삶을 요구하는 노동자들의 적으로 묘사되어왔다. 기본소득 정책과 그 밖의 정책들은 일자리와 자연환경 사이에 성립된 이와 같은 적대관계를 넘어서는 데 도움이 될 것이다. 동시에, 노동자들의 공감을 얻는 탈성장 비전과 언어를 협력 속에서 발전시키려면, 참을성 있고 끈기 있는 경청과 대화가 필요할 것이다. 이 같은 노력은 '노동자 계급 환경주의'라는 가능성을 창조하고, 노동자가 중심이 되는 정의로운 전환을 뒷받침하는 데 결정적으로 중요하다.

핵심적 생산 수단을 통제하는 거대 기업들이, 평등한 저탄소 사회라는 미래로의 이동을 가로막는 상황 속에서는, 생산이야말로 투쟁의 핵심 장소다. 조직화된 노동자들은 계약 요구, 파업, 장소 봉쇄blockades 같은 행동을 통해서 지구적 물질대사의 흐름을 좌우하는 생산 과정을 교란하는 데 실력 발휘를 할 수 있다. 이러한 투쟁 과정에서 노동자들은 더는 외로운 집단이 아니다. 데이비드 하비 David Harvey가 지적하듯, 자연환경 관련 투쟁, 삶의 방식과 욕망과 관련된 투쟁, 돌봄과 출산 관련 투쟁들은 근본적으로 생산 양식에 관한 투쟁들이고, 따라서 노동 환경에 관한 투쟁들과 관련되어 있다. 10 노동자들에게 위협이 되기보다는 공감이 되는 변혁을 위한 동맹이 품위 있는 노동, 평등한 급여 분배, 여가 시간, 보편적 돌봄, 안정적 주택·식량 공급 대책 같은 주제와 관련해 구축될 수 있다.

이 책에서 우리가 다룬 주제들은 페미니스트들의 주제와 조화로울 뿐만 아니라 그들의 이야기에 기대고 있다. 페미니스트들은 상업적 영역에 포섭되지 않은, 시장 밑에 숨어 있는 가정 내 돌봄, 의료 돌봄, 식료품 제공 돌봄, 어린이와 병약자와 노인을 위한 돌봄 같은 돌봄 노동을 포함하여, 노동과 관련이 있는 비판작업과 대중 조직화를 선도해왔다. 페미니스트들은 모든 성인에게 풀타임 노동을 요구하며 노동을 쥐어짜는 경제 시스템 (바로 이것을 통해서 매일, 세대를 넘어 인간의 삶과 집단과 자연환경이 재생산되고 있다) 안에 기본 구조로서 존재하는, 여성들의 희생에 관한 우리의 인식을 증진시켜왔다. 남녀 간, 민족인종 간 급여 불평등 문제를 해결하려는 활동가들과 조직들이 최고 수입, 최저 수입, 돌봄 수입에 관한 우리의 제안과 연대할 수 있을 것이다.

인종주의와 싸우는 활동가들, 운동들과의 동맹은 이러한 미션을 수행하는 데 핵심이 되면서도 어려운 요소이다. 북미와 유럽의 주류 환경주의 진영에서 단체의 주요 요직과 과학과 언론을 장악해온 집단은 이제껏 백인 남성이었다. 심지어 기후행동 진영 내부에서조차, 학생들과 기층 회원들은 평등한 입장에서 협력하는 활동을 어렵게 하는 인종 간 차별, 가부장제, 식민주의성의 흐름을 경험하고 있다. 11 서구 문화권에서 서로 결합된 여러 위계적 이분법들(인간/자연, 백인/비-백인, 남성/여성, 이성애/퀴어)로 인해, 지배적 정체성들(인간 외 자연에 대한 지배와 착취를 정당화하는 인간 예외주의도 여기에 속한다)이 몸에 배인 환경주의자들의 경우, 기존 질서에 도전하기 어렵다.

반면, 부국과 빈국 할 것 없이 풀뿌리 환경정의 · 사회정의 운동의 경우, 남성 · 백인 · 부자 아닌 활동가들이 (운동의) 리더가 되고, 공식적인 대표 활동을 수행하며, (운동에) 영감을 제공하는 사례가 허다하다. 결코 우연이 아닌데, 이들은 훨씬 더 급진적인 제안을 제출하곤 했다. 예컨대 1967년 마틴 루터 킹 주니어Martin Luther King Jr.에 의한, 빈곤 철폐와 불평등 해소를 위한 기본소득 보장 요청이 그러하고, 멕시코의 국가 개발 과정 바깥에서 미래를 일궈갈 자율 공간이 필요하다고 역설하는 사파티스타의 요구가 그러하다. 반-인종주의자들 그리고 다양한 입장을 취하고 있는 사회정의 운동들과 동맹을 구축하고 그들로부터 배우려면, 탈성장 옹호론자들은 다양한 지식·앎의 방식 간의 상호호혜적, 상호존중적 대화를 우선시해야 할 것이다.

저소득 집단에 속하고, 저소득 국가에 속하는 수십억 인구는 어찌하여 경제성장의 결실을 일부나마 향유하고 싶다는 희망을 가로막는 듯한 운동을 지지하는 걸까? 우선, 우리는 이 사람들이 극단적으로 다양한 처지와 환경 속에 있는 사람들임을 인식해야만 한다. 전 세계적 경제 확장의 최전선에서 살아가는 많은 이들에게, 유럽 경제나 북미 경제가 축소되는 사태란 곧 안식의 도래를 의미할 것이다. 브라질과 볼리비아, 멕시코와 에콰도르에서 우리와 함께 하고 있는 선주민 집단들은 목숨을 무릅쓴 채 채광, 벌목, 채굴, 도로 확장, 농기업들의 침탈에 맞서 오랫동안 진화를 거듭한 연대 경제와 친족 경제를 보호하려고 싸우고 있다.

적정 수준에서 성장을 지양하자는 이야기는 중남미와 아프리카, 그 밖의 지역 내 도시 중산층과 정치 지도자들에게는 덜 매력적으로 보일지도 모르겠다. 가차 없이 대지를 착취하는 이권 사업으로부터 나오는 떡고물, 다국적 기업에 대한 세금 같은 것으로 부채를 탕감하면서, 자기들의 삶의 수준을 높이려고 애쓰는 이들 말이다. 박탈의 고통을 겪었던 세대들이 인류사에 전례가 없는 규모로 경제적 · 물질적 성장 면에서 서구를 따라잡은 중국은 말할 나위조차 없을 것이다.

우리의 주장은 성장 드라이브가 어떻게 식민주의와 성차별주의, 인종주의, 그 밖의 불평등을 만들어냈는지를 설명한다. 하지만 우리는 탈성장을 위한 우리의 방안이 불평등의 피해자 모두에게 중요한 의미를 띤다고 주장하는 것은 아니다. 부유한 북반구 국가들 안에서 거주하며 활동하고 있기에, 우리는 다른 이들로부터, 그들과 함께 배우고자 한다. 덩글러Dengler와 제바허Seebacher는 페미니스트 · 탈식민주의 접근법에 기대어, 역사적으로 공고화된 위계 질서들로부터 영향을 덜 받는 대중 조직화를 지지한다. 이들은 "북반구에서 남반구 쪽으로 부과된 제안으로 탈성장

을 오해해선 안 된다"고 주장한다. 이들에 따르면, "탈성장
은 오히려 남반구의 개념들과 운동, 사상의 흐름에 대한 북
반구 쪽의 보완물이다. 따라서 탈성장으로서는 남반구의
'동료 여행자들'과 동맹을 추구함이란 필수사항이다." 12 아
르투로 에스코바Arturo Escobar는 북반구의 탈성장 운동과 중
남미의 포스트-발전 운동이 어디서 합류하는지를 지적한
다. 두 운동은 각기 상이한 지적 전통들에서 발원했고, 상
이한 지적·정치적 실천들을 통해 구현되고 있지만, 둘 다
경제성장과 경제주의의 핵심 가정에 관한 발본적 질문을
생태적 온전성과 사회정의에 기반한 대안적 세상에 관한
비전과 융합하고 있다는 것이다. 13

　　　세계의 다른 쪽에서 의미 충만하고, 평등하며,
생태적으로 지속가능한 세상을 위해 자신들만의 방식으
로 분투하고 있는 이들은, 우리가 괴물의 뱃속에서 병렬 비
행에 참여하고 있다는 사실을 깨달아야 한다. 이러한 차이
를 넘어서는, 대화와 동맹을 위한 성실한 의지가 강한 경우
조차도 장애물을 피하기란 어렵다. 14 환경정의 활동가들
과의 인터뷰에서 베아트리즈 로드리게스-라바호스Beatriz
Rodríguez-Labajos와 그녀(그)의 동료들은 "아프리카와 중남미
와 남반구 내 다른 많은 지역 그리고 북반구 국가들 내 빈
곤 지역과 소외된 지역에서 성장 지양(탈성장)이라는 용어

는 호소력이 없고, 사람들의 요구와도 부합하지 않는다"는 점을 확인했다. 15 수전 폴슨Susan Paulson은 생산량과 소비량의 증대보다는 행복한 삶과 연대를 우선시하는 세계 곳곳의 사회들로부터 배우면서, 문화적 · 언어적 · 국가적 배경이 전부 다른 연구자들과 수년간 협동 연구를 수행했는데, 그 과정에서, 차이를 극복하는 대화가 주는 보상뿐만 아니라 어려움도 확인했다. 16 우리의 경험상, '성장 지양(탈성장)'이라는 말 자체는 아니더라도 성장 지양(탈성장)이 무엇인지에 관한 보편 감각은 저소득 환경들에서 살아가는 이들과 조화롭다.

요컨대, 탈성장의 비전과 제안은 오랜 전통의 종교적 · 영적 신앙, 저소득 집단의 일상생활을 포함하여, 다양한 처지에 있는 다양한 사람들의 생각과 실천에 뿌리를 두고 있고, 그것들에서 영감을 얻고 있다. 우리는 노동자 투쟁의 전통이나 새로운 보편적 삶의 길을 제시한 근대적 발전을 대체하려고 하지 않는다. 그보다 우리는 글로벌 태피스트리 얼터너티브스Global Tapestry of Alternatives 18 같은 동맹조직들로부터 배우고 있다. "많은 세상들이 들어가는

---

18 하나의 대안이 아니라 다양한 대안들의 결합을 통해 신자유주의 지구화 이후의 세상을 모색하려 하는 국제 사회운동 네트워크. 세계사회포럼 등에 참여하며 문제의식을 확산하고 있다. https://globaltapestryofalternatives.org/ 참고.

하나의 세상"이라는 사파티스타의 이상을 반영하며, **17** 다양한 대안 경로들이 상호존중 속에서 번영할 수 있는 여건의 조성에 기여하기 위함이다.

정치 변혁을 위한 대중 조직화

다양한 처지에 있는 사람들, 이해집단 간의 연대로부터 어떤 형태의 대중 조직화와 정치 행동이 나타날까? 우리는 탈성장 정치의 특정 면모가 일부 선출직 공무원 집단과 노동자 집단, 저소득 집단 같은 이들을 소외시키거나 곤혹스럽게 할 수도 있음을 잘 알고 있다. 예컨대, 기후 과학자들과 기후 활동가들은 탈성장 같은 운동 세력과의 동맹이 얼마나 이익이고 손해일지에 관해 열띤 논쟁을 벌이고 있다. 미국 과학자 마이클 만Michael Mann은 기후 운동을 더 과격한 사회운동과 연계하는 행위가 "진보적 사회 변화라는 좀 더 폭넓은 의제에 동의하는 (우리에게 필요한) 지지자들을 (예컨대, 무당파들, 온건 보수주의자들을) 소외시킬 위험이 있다"고 우려한다. **18**

탈성장이 여러 운동을 연합하는 거대 대중 조직화의 표상이 될 가능성은 없다는 사실의 천명은, 정치 조직화를 위한 다른 메타포를 모색할 가능성을 열어준다. 파디니 니르말Padini Nirmal과 다이앤 로셸러Dianne Rocheleau는 다양한 자연-문화권을 보호하려는 수많은 투쟁(특히 선주민들과 소외 집단들의 투쟁)에서 목적이자 동시에 수단인 네트워크, 풀뿌리조직, 리좀rhizome들로부터 배우자고 제안한다. 19 대나무, 옻나무 같은 식물들은 뿌리줄기라고도 불리는 리좀을 통해 번식하고 세를 확장한다. 흙의 표면 아래나 표층에서 수평으로 뻗어나가는 뿌리줄기 네트워크는 뿌리혹들을 만들어내는데, 이 혹들에서는 새로운 뿌리와 새로운 줄기shoot가 수직 방향으로 뻗어 나온다.

실제로, 탈성장의 비전과 생각과 행동들은 이미 문화적 · 시민적 · 정치적 동맹조직들을 키우고 상호연결하는 지하 네트워크를 통해 수용되고, 전파되고 있다. 예측을 넘어서며 발생하는 여러 기회에 반응하는 가운데 이러한 그물망들이 한층 더 강력한 뿌리들을 길러내고, 바람직한 변화를 일으키는 한층 더 뚜렷한 줄기들을 키워내기를 기대한다. 선거 운동, 대규모 비폭력 시위, 모든 종류의 예기치 않은 정치적 표현들 속에서 새로운 줄기가 분출하기를 고대한다. 이러한 유형의 대중 조직화를 박멸하기란 어렵다. 심지어 가시적 형태로 드러난 운동이 실패나 반동에 봉착할 때도, 리좀의 일부 조각들(이 경우 탈성장에 관한 공통된 감각, 실천, 관계망)만은 흙 속에 남게 될 것이고, 그 속에서 그것들은 새로운 형태로 성장하고 출현할 것이다.

바람직한 세계의 구현, 법제화, 대중 조직화

앞쪽에서 우리는 세계의 종말, 심지어 자본주의의 종말을 상상하는 편이 성장의 종말을 상상하는 편보다는 더 쉽다고 말했다. 경제가 비틀거리거나 곤두박질칠 때조차도, 경제성장을 위한 욕망이나 추구는 강화될 것이다. 탈성장을 위한 정치 행동을 조직화하는 일 역시 마찬가지로 어려워 보인다. 그렇긴 하지만 다른 시나리오들과 견주어 봤을 때 탈성장이 훨씬 더 인간적인, 평등을 보장하는 전진의 경로라고 우리는 확신한다. 또한 우리는 탈성장에 관한 상식과 실천, 정치를 이미 현실화하고 있는 사례들에 고무되고 있다. 이미 사람들은 새로운 양식의 (재)생산과 사회조직을 만들어내고, 오래되어 잊힌 양식의 것들을 복원하며, 다르게 생산하고 소비하며 살아가고 있다. 우리는 우리의 여정이 일직선의 여정이나 단순한 여정이 아니라 모순적인 여정이 되리라는 것을 알고 있다. 실패와 반-개혁 세력, 억압, 과거로의 복귀, 예기치 않은 돌발적 사건들이 우리의 여정에 동반될 것이다.

책 전반에서 우리는 바르셀로나의 사례들을 거론했는데, 공동체 경제들과 정치 조직화, 제도 개혁이 어떻게 접맥 가능한지 강조하기 위함이었다. 2011년의 광장 점거 운동에서 발원했고, 바르셀로나의 뿌리 깊은 협동 경제 조직들에서 단련된 활동가들이 주축이 된 정당인 BiC 는 2014년 아래로부터 (결성) 논의가 시작되어 공공 집회를 통해 결성되었다. 경제 · 주택 위기로 고통받던 노동자 계급, 바르셀로나의 활기찬 경제구역이나 그 주변에 거주하던 청년이나 중년층, 사회정의 운동 세력 사이에 동맹이 형성되었다. 이 정당은 창당한 지 1년도 되지 않은 시점에, 여러 사건이 급격히 분출하는 가운데 시의회 선거에서 승리했다. 동시에, 다른 지역에서는 점거 운동이, 영국 노동당의 정책 공약을 급진적으로 발전시킨 정치 조직인 모멘텀 Momentum 19으로 발전했다. 그런가 하면, 미국 민주 사회주의자들과 선라이즈Sunrise 운동 진영은 버니 샌더스의 선거 운동에 활력을 불어넣었다.

이러한 운동이 어떤 정치적 효력을 발휘할지, 얼마나 지속될 수 있을지는 지켜봐야 할 일이다. 지정학적 변화, 국가 간 분열선 그리고 상황에 따라 달라지는 역학관계는 최상의 기획마저 좌절시킬지도 모른다. 그렇긴 하나, 바르셀로나의 사례에서 당신이 얻어갔으면 하는 것 그리고 향후 다른 지역에서 사회운동을 통해 출현하거나 사회운

---

19 영국 노동당 대표 선거에서 급진사회주의자인 제러비 코빈Jeremy Corbyn 하원의원이 당선되는 데 큰 역할을 한 활동적 당원들, 특히 젊은 당원들이 코빈 집행부를 지지하고 노동당을 더욱 사회운동적인 정당으로 개조하기 위해 조직한 캠페인 조직.

동이 만들어낼 유사한 정당 정치를 위한 중요한 참조점이 있다. 그것은 뿌리 깊고 체화된 문화적 변화의 성취, 차이를 넘어서는 동맹의 구현이다.

탈성장의 정치가 정말로 실현 가능할지 당신은 여전히 확신이 서질 않을지도 모른다. 우리 역시 의구심은 가지고 있다. 정체된 경제체제 내 불안정성이라는 정치적 위험도, 경제 확장이 아닌 경제 축소라는 여건 속에서 정치 기획을 발전시키는 일의 어려움도 알고 있다. 탈성장의 가치와 비전에는 동의하지만 탈성장이 정치적으로 불가능하다고 생각하는 많은 이들은 지금 녹색 성장 · 포용 성장 지향을 전제하는 정치를 지지하고 있다. 그러나 우리가 2장에서 주장했듯, 그리고 다음 장인 'Q/A 묻고 답하기'에서 더 주장하겠지만, 녹색 · 포용 성장은 실현가능해 보이지도, 바람직해 보이지도 않는다. 현재 소수집단이 (다수의) 타자들에게 높은 부담을 전가하면서 즐기고 있는 물질적 생활 수준을 90억 인구에게 보편 적용할 수 있는 기술적 · 정책적 해법이란 없다. 다시 말해, 평등한 복리를 지향하는 공유 제도가 발전되고 확대되는 길이든지, 세계 인구의 커다란 부분이 편의상 잉여 취급을 받으며 추방되든지, 둘 중 하나밖에는 길이 없다.

우리가 이 책에서 전달하려 하는 가장 근본적

인 탈성장 옹호 근거는, 협동과 공유를 기반으로 한 소박한 삶은 그 자체로 바람직하다는 것이다. 심지어 무한한 경제 성장이 경제적·사회적·생태적으로 가능하다 해도, 우리가 추구하는 삶의 온전함과 충만함이 그것으로 성취되지는 않을 것이다. 탈성장 옹호론은 순교자인 척하는 자의 자기 거부와도, 인간의 발전 가능성을 제약하는 의지와도 무관하다. 탈성장 옹호론은 각국 사회경제들의 방향을 바꾸는 것, 그리하여 더 많은 사람과 장소에 적용되는 즐겁고, 건강하고, 만족스럽고, 지속 가능한, 협동적이고 창조적인 삶을 건설하는 일에, 그것을 지원하는 일에 관심을 둔다. 탈성장의 최종 목표는 노동 존엄성의 회복, 이기성을 덜 자극하는 경쟁, 더 평등한 관계, 개인의 성취로 순위가 매겨지지 않은 정체성, 연대감 넘치는 지역사회, 인간적인 삶의 리듬, 자연에 대한 존중이다. 또한 이러한 것들을 통해서 우리는 하루하루를 살며 앞으로 다가올 탈성장 세계들의 정치와 제도와 라이프스타일을 연습하고 구현할 수 있을 것이다.

Q/A
묻고 답하기

(1) 경제가 성장하여 부유해지면, 자연환경에도 피해를 덜 주지 않나?

그렇지 않다. 부유한 경제체제는 가난한 경제체제보다 자원을 더 많이 사용하고 (1인당) 탄소를 더 많이 배출한다. 부유한 국가들의 경제는 GDP 단위로 계산할 때 자연환경에 영향을 덜 미칠지도 모른다. 하지만 그들이 1인당 총 GDP를 더 많이 생산하는 과정에서 사용하는 1인당 자원량은 더 많고, 배출하는 1인당 폐기물량도 더 많다. 국가들은 발전하면서 자연환경을 더 많이 훼손하지만 부의 수준을 알려주는 특정 수치에 도달하면 자연환경을 덜 훼손하게 된다는 이른바 '자연환경 쿠즈네츠 가설Environmental Kuznets hypothesis'은 통계자료들에 의해 온당히 그 신뢰성을 꾸준히 상실해왔다. 1 일부 중위소득 국가들은 부유한 국가들보다 더 이른 시기에 환경 표준을 채택하고 있다. 탄소 배출 같은 거대한 문제의 경우, 부에 따른 경향성에 변화는 없다. 즉, 부유해질수록 한 국가는 이산화탄소를 더 많이 배출한다. 더욱이 고소득 국가들은 자원과 산업 생산품은 수입하고 폐기물은 수출하면서, 자기들이 짊어져야 할 자연환경 비용을 더 가난한 국가들에 전가하고 있다.

(2) 더 적은 자원으로 더 많이 생산할 수 있지 않나?

그렇게 할 수 있다. 그러나 자원 사용량을 계속 줄여가면서 GPD를 계속해서 늘릴 수는 없다. [2] 1980년부터 2002년까지 세계 물질 유동량global material flows은 매년 1.78%씩 증가했다. 이것은 세계 GDP 성장률보다 느린 추세이지만, 지속적 증가세인 것만은 분명하다. 2002년부터 2013년까지 세계 물질 흐름량은 매년 3.85%씩 증가했고, 이것은 세계 GDP보다도 빠른 증가율이었다. 현재, 경제체제 간 1% GDP 차이는 물질 사용량의 0.8% 차이에 해당한다. [3] 미국 등 일부 고소득 국가들의 국내 자원 사용량은 정점을 찍고 감소하는 것처럼 보인다. 하지만 이것은 자원 투입량이 세계화를 통해 아웃소싱되고 있기 때문이다. 미국 내에서 소비되는 상품과 서비스를 생산하는 데 사용되는 물질량을 수입품을 포함하여 계산할 경우, 그 물질 발자국material footprint은 GDP와 보조를 맞춰 계속 증가해왔다. (EU, OECD 국가들도 마찬가지다) [4] 물론, 미래가 과거와 같아야 하는 이유란 없다. 하지만 모든 모델 분석이 2050년까지 세계 물질 사용량이 크게 증가할 것이라고 예측하고 있다. 가장 엄격한 기준으로 기술과 정책을 조율한다는 전제에서조차, 자원 사용량은 17% 증가할 것으로 예측된다. [5]

(3) 자원을 더 효율적으로 사용할 수 있지 않을까?

그렇게 할 수 있다. 그러나 성장 경제에서는 자원을 더 효율적으로 사용할수록 자원은 더 저렴해지고, 사용되는 자원의 총량은 증가하게 된다. 6 이것이 바로 경제성장의 본질이다. 즉, 노동 생산성과 자원 생산성은 자원을 해방하지만, 그 자원들은 더 많은 가치를 뽑아내면서 더 많이 생산하고 새로운 서비스를 제공하는 데 투입된다. 특정한 응용이나 보존 조치로 인한 효율성 향상이 언제나 부정적 효과만 일으킨다고 볼 수는 없다. 그러나 자원 효율성이 더 높은 경제체제는 물질 사용량이 더 많은 경제체제이기도 하다. 오해 없기를 바란다. 우리도 자원 효율성이 중요하다고 생각한다. 하지만 우리는 더 적은 자원으로 더 많이 생산하는 것보다는 더 적은 자원으로 더 적게 생산하는 효율성을 요청한다. 더 많은 것은 더 많은 가해를 의미하기 때문이다. 우리가 바라는 효율성을 실현하기 위한 한 가지 바람직한 방법은, 자원이나 오염물질의 (사용/배출) 상한선 또는 의무적 감축이라는 제한과 효율성 향상을 결합하는 것이다.

효율성 향상도 무한정 가능한 것은 아니다. 에너지 · 자원 효율성에는 상한선이 있고, 그것을 초과하는 경제성장은 더 많은 에너지 (자원) 사용을 유발한다. 효율성이 얼마나 더 멀리 갈 수 있느냐만이 아니라 얼마나 더 빨리 향상될 수 있느냐에도 한계가 있다. 냉장고나 자동차 같은 일부 상품의 에너지 효율성은 지난 35년간 매년 2%씩 증가(평균 성장률에 근접)하고 있지만, 모든 것이 그렇게 빨리 개선될 수는 없다. 항공 여행 효율성에는 큰 변화가 없는가 하면, 발전소는 매년 겨우 1%씩만 개선되었다. 7

(4) 오염시키는 자원을 청정자원으로 대체할 수 있지 않나?

그렇게 할 수 있다. 하지만 더 깨끗한 자원 역시 오염시킨다. 또한 만일 경제가 성장하면 그만큼 자원 사용량도, 오염물도 증가하게 된다. 태양광과 바람은 석탄보다는 깨끗하지만, 그것들이 만들어내는 에너지는 리튬이나 코발트를 사용하는 배터리에 저장된다. 이러한 청정 기술을 사용하여 파리 기후 협정의 목표를 충족시키려면 희소 물질(지구를 파괴하는 광업과 정제 산업)에 대한 세계의 수요가 2050년까지 300%~1,000% 증가해야 한다. 8 진정한 목표는 더러운 선택지(화석연료, 가스를 게걸스럽게 먹어 치우는 자동차 등)를 줄이는 것이지, 새로운 선택지를 그저 추가하는 것이 아니다. 전기차 판매량이 증가하고 있지만, SUV 판매량 역시 마찬가지다. 태양광·풍력 발전이 빠르게 성장하고 있지만, 아직 화석연료 사용을 줄이지는 못하고 있다. 그저 현행 시스템에 에너지를 더했을 뿐이다. 청정한 대체물을 늘리는 것은 필요하지만 그것으로 충분하지는 않다.

(5) 비용만 제대로 부과하면 되는 거 아닌가?

맞다, 오염자들은 오염에 대해 비용을 지불해야만 한다. 그러나 시장에 의해 결정되는 '바른 가격' 같은 건 없다. 10 필요한 감축량에 맞게 충분히 높은 세율로 자원세와 탄소세가 부과되어야 한다. 현재 8달러에 불과한 탄소 1톤당 세금(일부 과학자들이 기후변화를 막기 위해 필요하다고 생각하는 높은 세금 범위)을 2030년까지 100달러~5,000달러로 높인다면, 실질적으로 석유와 석탄을 금지하게 될 것이다. 이렇게 하면, 경제의 속도가 느려질 것이고, 이것이 바람직하다. 그러나 이것은 현존 권력이 이런 일의 발생을 허용하지 않는 이유이기도 하다. 경제성장은 값싼 것들에 의존해 있다. 문제는, 만일 오염 산업들이 너무 많은 비용을 지불해야 한다면, 그들은 자신들의 정치적·경제적 권력을 활용해 지불 책임에서 벗어나려고 할 것이라는 점이다. 따라서 진짜 어려운 과제는 시장이나 가격을 바르게 하는 것이 아니라, 그리 하기 위해 현존 정치 권력을 활용하는 것이다.

(6) 정보와 아이디어만으로 경제성장을 할 수는 없나?

공상 과학 소설에서는 가능하다. 하지만 현실에서는 아니다. 로봇으로부터 먹을거리를 제공 받고 그리드에 꽂힌 채 잠을 자며, 자신들의 꿈의 세계에서 많은 자원을 사용하지 않은 채 많은 돈을 교환하는 사람들이 나오는 영화를 상상할 수도 있을 것이다. 그러나 현실 세계에서 정보통신 기술ICT의 엄청난 성장 덕에 자원 사용량이 감소하는 일은 일어나지 않았다. ICT가 더 많이 발달한 국가가 더 큰 물질 발자국을 보이고 있다. 농업에서 산업으로, 서비스로 경제가 이동했고, 그에 따라 물질 발자국은 감소하기보다는 오히려 증가하고 있다. ICT 서비스는 자원·에너지 소비량이 많은 서비스이며, 정보나 통신을 팔아 돈을 번 이들은 물질적 상품을 구매하거나 투자하는 데 돈을 사용하고 있다. (IT 사업가들이 소유한 전용 제트기를 생각해보라).

(7) 왜 순환 경제가 아니라 탈성장인가?

과다 발전된 현 경제를 순환 경제로 바꾸는 것만으로는 충분하지 않다. 경제는 엔트로피적이어서 물건을 재순환시키고 재사용하거나 재생가능한 에너지를 사용하려면 에너지와 (인간, 자연) 자원이 필요하다. 11 이 사이클의 규모가 클수록, 그리고 순환 과정이 빠를수록, 에너지와 자원은 더 많이 사용된다. 산업혁명은 일종의 거대한 선형화 과정 linearization이었다. 순환적이며 재생가능한 에너지·물질 흐름으로 돌아간다면, 값싼 자원의 선형적 추출과 폐기에 맞게 설계된 현 경제의 속도는 (거의 확실히) 느려질 것이다. 12 그러니까 순환 경제와 탈성장은 함께 발전할 수 있고, 또 함께 발전해갈 것이다.

(8) 이미 일부 국가는 경제성장을 지속하면서도 탄소 배출량을 줄이고 있지 않은가?

맞다. OECD 36개국 중 18개국이 2005년에서 2015년 사이에 매년 평균 2.4%씩 탄소 배출량을 줄였다. 수입품을 계산해도 이러한 기본 패턴에는 변화가 없다. 이러한 감소는 의미심장하고 반가운 일인지도 모르겠다. 하지만 일부 계산에 따르면, 고소득 국가의 경우 매년 8%~10%의 빠른 탈탄소화가 요구되는 실정인데, 이 수치에는 훨씬 미치지 못하는 수준이다. 13 성장 속도가 느린 경제일수록 배출량 감축하기는 더 쉽다. 만일 당신이 거주하는 국가의 경제가 매년 3%씩 성장한다면, 그 국가는 매년 3%씩 배출량을 줄이려면 경제 규모에 대비해 약 6%씩 배출량을 감축해야 한다. 매년 1% 성장하는 경제라면, 감축해야 할 양은 4%로 줄어든다. 경제성장을 지속하면서 동시에 기후변화에 대항하는 것은 점점 속도가 빨라지는 하강 에스컬레이터를 탄 채 위로 뛰어가는 것과 같다. 금세기가 끝날 무렵 세계 경제가 11배 성장하느냐, 아니면 현 상태를 유지하느냐는 커다란 차이를 만들어낼 것이다. 실제로, 탄소 배출량을 줄인 18개국은 다른 국가들보다 훨씬 적게 성장했다. (연간 에너지 · GDP 성장률은 평균 1%였다.) **14**

(9) 그린뉴딜GND을 위한 지출이 경제성장을 촉진할 것 같은데?

단기적으로는 아마도 그럴 것이다. 그러나 만일 GND가 화석 연료를 제거한다는 목표를 달성할 경우, 재생가능 에너지로 인한 소득 증대가 경제성장을 지속하기에 충분할지는 의문이다. 석탄, 석유, 천연가스 같은 화석연료와 비교할 때, 태양광 에너지와 풍력 에너지 생산에 사용되는 에너지 단위 당 획득되는 에너지양은 더 적다. **15** 순 에너지가 적다는 것은 노동 생산성이 떨어진다는 것을 의미한다. 생산성이 낮다는 것은 성장이 적다는 것을 의미한다. GND는 탄소 배출량을 줄이고, 의미 있는 일자리를 창출하고, 그 재원으로 가능한 사업들이 수익을 내면서 보상받을 수 있을 것이다. 그러나 장기적으로 GND는 경제성장의 속도를 늦출 수 있다. 경제성장 없는 상태를 잘 관리하는 제도들이 적재적소에서 작동하는 한, 이러한 상태가 바람직한 상태라고 우리는 생각한다.

(10) 왜 GDP라는 개념을 넘어서지 않는 건가?

GDP는 현 경제체제들이 의존하고 있는 것, 즉 시장의 성장을 측정한다. GDP는 사회복지를 측정하기 위해 고안된 것이 아니며, 사회복지를 측정하더라도 형편없이 측정한다. GDP는 좋은 것과 나쁜 것을 뒤섞어버린다. 즉, 석유 유출 사건은 경제에 좋은데, 석유 청소에 돈이 투입되기 때문이다. GDP는 무급 서비스도 계산에 넣지 않는다. 즉, 만일 당신이 당신의 변호사와 결혼하고 그녀가 당신과 관련된 사법 업무를 무료로 처리하면, GDP는 줄어든다. 참진보지표 Genuine Progress Indicator [20] 같은 일련의 새로운 행복·번영 척도는 경제성장이 어떻게 사회들을 실패하게 하는지 밝히는 데 도움을 준다. 또한 성장의 종말 이후에 필요한 새로운 종류의 속도계가 무엇인지를 알려준다. 하지만 자동차 속도계를 바꾼다고 해서 자동차 속도가 줄어드는 것은 아니다. 자동차 자체도 바꿔야만 하는 것이다. 즉, 성장 본위 경제를 탈성장 경제로 대체해야만 한다.

(11) 복리福利의 성장은 왜 안 되나?

복리의 **향상**. 우리가 요구하는 것이 바로 이것이다. 복리의

---

20   사회지표라고 부르기도 한다.

향상은 자원·에너지의 사용량을 줄이고, 자연환경에 대한 피해를 줄임으로써 달성된다. 이것은 물질적 성장, GDP 성장과는 다른 것이다.

(12) 좋은 것의 성장, 나쁜 것의 성장 지양이 필요한 것 아닌가?

그렇다. 선택적 성장 지양이 우리가 옹호하는 것이다. 우리가 원하는 많은 좋은 것들(자연과 자원의 보존, 땅을 착취당하는 소외된 이들의 권리 증진, 노동시간 단축)이 GDP 경제의 속도를 늦출 것이다. 그리고 이 과정은 미래에 관한 전망과 더불어 추진되어야 한다. 좋은 것들(예컨대 태양광 패널)조차도 나쁜 것(희귀 금속)을 사용한다. 따라서 어떤 좋은 것들을 얼마만큼 늘릴지가 조절되어야만 한다. 마지막으로, 우리가 중시하는 많은 것들(공공 보건, 공공 교육, 공공 육아)과 관련하여 필요한 것은 양적 증대가 아니라 질적 향상이다. 따라서 이 경우엔 성장 지양(탈성장)이라는 용어가 오해를 일으킬 수 있다.

(13) 당신들이 말하는 소규모 솔루션은 대규모로 확장되나?

어떤 것은 가능하지만, 어떤 것은 가능하지 않을 것이다. 우리가 요구하는 것은 지역성이 강화된 지역공동체 경제들이지, **모든 것**이 소규모 또는 협동의 방식으로 생산되는 경제가 아니다. 탈중앙집중화된 생태적인 농업에는 산업형 농업과 비교할 때 농산물 단위당 더 많은 노동력이 필요하다. 하지만 그러한 농업 과정에서는 화학 물질과 화석 연료도 더 적게 소비된다. 지역사회 지원 농업으로 제공되는 식량의 양을 늘리는 행위는 음식 폐기물을 줄이고, 육식을 덜 하고, 제철·지역산 농산물을 더 많이 먹는 등 다른 조정 행위들과 보완 관계에 있다. 지역사회 방식과 더불어 더 중앙집중화된 방식의 상품 생산(예를 들어 곡물과 광물 생산)이 병행될 가능성이 크다. 소규모의 대안들은 회복탄력성을 보완하고 증대한다. 도시 텃밭을 일구는 사람들이 만인의 영양상 필요를 충족시킬 수는 없을 것이다. 하지만 그들은 그들이 아니었다면 비행기나 배로 먼 곳에서 수송되었을 상당량의 제철 채소들을 재배할 수 있다. 도시 텃밭은, 예컨대 소련 몰락 후 경제가 붕괴했던 쿠바를 기근에서 구했다. 16

(14) 에너지 사용량을 그렇게 많이 줄인다는 게 가능할까?

가능하다. 취리히 연방 공과 대학의 '2000와트 사회비전The 2000-watt society vision'은 서구의 평균적 시민들이 2050년까지 자신들의 핵심 에너지 사용량을 연간 2,000와트(현 세계 평균치)로 줄일 수 있음을 보여준다. 현재의 생활 수준을 낮은 수준으로 바꾸지 않으면서도, 주로 교통, 건물, 에너지 생산 방식에 개입함으로써 이것이 가능하다는 것이다. 효율성 제고 조치와 충분한 공급 조치를 결합함으로써, 독일 내 2인 가구의 일반적 전기사용량을, 현격한 라이프스타일 변화 없이도, 75% 더 낮출 수 있을 것으로 연구진은 계산한다. 17 현재 평균적 미국인은 세계 평균 에너지 사용량의 6배 이상을, 평균적 스위스인은 3배를 소비하고 있지만, 인도인은 겨우 1/12을 소비하고 있다. 18

성장, 빈곤, 불평등

(15) 빈곤과 싸우려면 경제성장이 필요한 것 아닌가?

빈곤 퇴치는 경제성장만으로는 가능하지 않다. 최근 수십 년간 경이로운 수준의 경제성장을 이룩했지만, 4,000만 명의 미국인들, 1,100만 명의 영국인들이 빈곤에 시달리고 있다. 각기 전체 인구의 12%와 17%로, 1970년대와 동일한 빈곤율이다. 2008년 기준, 고소득 국가(권) 총인구의 24%가 여전히 자국 내에서 허용되는 최저 수준 이하의 물질로 살고 있었다. 19 경제성장은 세계 빈곤을 줄이는 효과적인 메커니즘도 아니다. 부의 피라미드에서 하위 60%를 차지하는 세계 인구가 글로벌 경제성장으로 창출되는 모든 새로운 소득 가운데 겨우 5%만을 가져가고 있다. 경제성장의 결실은 지금보다 더 잘 분배될 수 있고, 이 점에는 의심의 여지가 없다. 하지만 생산량의 증대 아닌 유지나 감소 역시 가능하다. 경제성장은 재분배하지 않음의 구실이 되고 있는데, 재분배가 경제성장을 제한한다고 생각되기 때문이기도 하고, 언젠가는 경제성장이 만인의 여건을 향상할 것이라는 약속을 전하기 때문이기도 하다. 그런 점에서 경제성장 추구는 빈곤 퇴치를 막는 걸림돌이다.

(16) 불평등을 줄이려면 경제성장이 필요하지 않나?

전 세계적으로 개인 간 불평등은 계속 감소하고 있다. 중국과 동남아시아에서 과거의 지나치게 낮았던 소득이 증가했기 때문이다. 그러나 최근 수십 년간 경제성장이 있었음에도 국가 간 불평등, 국가 내 개인 간 불평등은 계속 증대하고 있다. 불평등 증대는 산업화 초기의 특징이고, 국가가 부유해지면 불평등은 감소하기 마련이라고 우리는 생각하곤 한다. 그러나 토마 피케티가 보여주었듯, 20세기 중반 소득격차의 감소는 경제성장의 결실이 아니었다. 그것은 대공황과 제2차 세계대전 시기에 부가 파괴된 사태 그리고 그 후에 이어진 유럽과 북미의 강력한 평등주의 정책의 결과였다. 1980년 이후 경제성장은 더 적은 불평등이 아니라 더 많은 불평등을 초래하며 이뤄졌다. [20] 정책이 경제성장보다 더 중요하다. 물론, 세수는 경제성장에 따라 증가할 수 있고, 그 덕분에 진보적 정부들은 사회적 목적에 예산을 더 많이 집행할 수 있을 것이다. 그러나 영국과 미국의 경우 현재 세수는, 현재 생산되는 것의 극히 일부분을 생산하던 시기인 수십 년 전과 비교해서 훨씬 적다. 엘리트들이 정부에 돈을 덜 내는 구실로 경제성장이 이용되는 시대 상황 속에서, 상대적 빈곤은 현대 경제체제들의 구조적 특징이 되고 말았고, 이것은 그 경제체제들이 얼마나 성장하느냐와 무관한 특징이다.

(17) 탈성장은 비현실적 수준의 소득 감소를 요구하나?

고소득 국가들 내 중산층의 2/3를 줄여서 세계의 다른 국가들 수준에 맞춰야 한다고 함이란 정치적으로 불가능한 것은 말할 것도 없고, 바람직하지도 않다. 그런데 우리는 이 책에서 소득을 직접 이야기한 것이 아니라 자원·에너지 사용량 감소를 이야기했다. 에너지 사용량의 2/3 감소는 생각해볼 수 있다. 편안한 중산층 생활을 해온 일부 사람들의 소득은 탈성장 시대에 감소할 수도 있을 것이다. 하지만 소득 그 자체는 삶의 퀄리티가 무엇인지 많은 것을 말해주지는 못한다. 1985년 스페인의 1인당 GDP는 지금의 절반에 가까운 수치였지만, 당시 스페인 사람들의 생활 수준은 지금과 비교해서 눈에 띄게 나쁜 수준이 아니었다. 현재 스페인의 1인당 GDP는 미국의 1인당 GDP의 60% 수준이지만, 바르셀로나 시민들은 플로리다 시민들이 누리는 것과 다를 바가 없는 생활 수준을 누리고 있다. 소득 중 구매력이 어느 정도인지는 생계비가 어느 정도냐, 기본 재화가 시장에서 공급되느냐 공공으로 공급되느냐, 정부의 규제를 받느냐 아니냐에 따라 달라진다. 우리 네 명의 저자 가운데 유럽에 사는 셋은 공공 의료 시스템에 접근할 수 있는 반면, 미국에 사는 수전은 그렇지 않다. 따라서 유럽에서 우리는 낮은 급여를 받더라도 공공 의료가 제공되지 않는 상황보다 더 원만한 삶을 살아가고 있다.

(18) 탈성장론은 가난한 국가들의 경제성장에 반대하나?

아프리카 국가들의 물질 발자국 감소는 필요하지도, 바람직하지도 않다. 그러나 이는 유럽이나 미국 같은 성장형 사회가 그 국가들에 건설되어야 한다는 뜻이 아니다. 사람들은 좋은 삶을 향한 자신들만의 길을 자유롭게 설계할 수 있어야만 한다. 코스타리카 같은 중위소득 국가들은 부유한 국가들에 비해 극히 적은 자원 사용량과 소득으로도 인간 발전 표준human development standards에 이르고 있다. [21] 가난한 사람들에게는 깨끗한 물, 공공 의료, 적정가의 주택,

식량이 필요한 것이지, 종종 자국 엘리트들이 보유한 해외 은행 계좌의 금액 증대로 귀결되곤 하는, 그러나 보편적 기준이 되고 만 GDP 성장이 필요한 것이 아니다.

(19) 세계 나머지 국가들을 빈곤에서 구제하려면 부유한 국가들이 경제성장을 계속해야 하지 않나?

아니, 그렇지 않다. 정반대로, 부유한 국가들의 경제가 더 성장하게 되면 그로 인한 기후변화와 환경 재앙으로 가난한 사회들의 여건은 악화하기만 할 것이다. 가난한 사회들의 기본적인 필요를 전부 충족하는 데 에너지를 사용하려면, 세계 탄소 잔여 예산의 상당량이 소비될 것이다. [22] 따라서 고 소비 국가들과 사람들은 저 소비 국가들과 사람들이 사용할 여유 공간을 위해 성장을 지양해야만 한다. 서방 세계는 세계의 다른 곳을 착취하는 방법으로 부유해졌다. 따라서 가난한 국가들의 상품을 구매하는 선의를 실현하기 위해서라도 계속 성장해야 한다고 주장하는 것은 기괴한 일이다. 낙수Trickle Down 이론이나 개발원조 담론은 서구의 경제성장이 남반구의 발전에 도움이 된다고 생각하게 한다. 정반대로, 생태적 부채의 일부를 상환하고, 불평등한 자본 · 자원 흐름을 뒤바꾸는 것이 고소득 국가들이 해야 할 일이다.

(20) 경제가 성장하지 않으면 부채가 폭발하지 않을까?

그럴 수도 있다. 하지만 은행과 금융회사들이 부과하는 허구적인 금리에 발맞춘 경제성장을 강제할 수는 없다. 부채 탕감을 위한 국제적 메커니즘이 제도화되어야 한다. 저소득 국가들에 대한 부채 탕감 조치로 생태적 부채와 탄소 부채를 보상할 수 있다. 한편, 민주적 채무 감사Debt Audits 제도가 확립되면, 상환 가능한 부채와 악성 부채를 구별하는 데 일조할 것이다. 장기적으로는 대출 제도 자체를 바꿔야 한다. 이자가 붙은 대출은 이자를 갚기 위한 경제성장을 필요한 것으로 만든다. 만일 대출 주체가 이자를 다시 빌려주는 것이 허용되지 않거나, 복률 이자[복리複利]가 아닌 대출용 일회성 수수료만 취득하게 되면, 작금의 사태는 완화될 수 있다. 새로운 자금이 경제에 유입되는 방식을 바꿔도 사태를 바꿀 수 있다. 화폐가 생산되자마자 부채로 변하는 일이 일어나고 있다. 민간 은행들이 대출을 제공하기에 가능한 일이다. 반면, 공공(완전)화폐 정책 아래에서는 국가가 부채와 무관한 자금을 조성하여 사회적으로 유용한 프로젝트, 가령 GND나 UBS에 집행할 수 있다. 23

(21) 경제성장이 안 되면 실업률이 증가하지 않을까?

아니, 꼭 그럴 이유란 없다. 고용과 경제성장의 관계를 결정하는 것은 정책이다. 일본이나 오스트리아의 경우 1% 경제성장 감소가 0.15% 실업률 증가를 유발했다. 하지만 스페인에서는 1% 경제성장 감소가 0.85% 실업률 증가를 유발했다. 24 1인당 노동시간을 단축하면 새로운 일자리가 창출된다. GND, UBS, 사회적 돌봄에 대한 공공 지출 역시 일자리를 창출한다. 탈화석연료로 인해 생산성이 감소하면, 인간 노동력에 대한 수요는 더 많아질 것이다. 자동화 탓에 (적은 노동력으로도) 생산성이 증가하면, 노동시간 단축을 통해 실업의 증가를 막을 수 있다.

(22) 인구증가 추세의 역전을 이야기해보는 건 어떨까?

인구증가는 값싼 노동력과 소비자를 필요로 하는 성장 시스템들이 만들어낸 것이다. 탈성장을 말하며 우리는 증상이 아니라 원인에 집중한다. 높은 GDP와 낮은 출산율 사이에 강력한 상관관계가 있는 건 확실하지만, GDP가 감소하면 출산율이 증가하기 시작한다는 말의 근거도 없다. 일부 고소득 국가들이 누리는 교육, 건강, 성평등 기회를, GDP가 훨씬 더 낮은 다른 국가들이 성취하고 있음은 분명하다. 자기 신체에 관해 스스로 결정할 여성의 권리, 여성의 교육 기회를 강화·옹호하며, 연금과 공공 의료 같은 공공 정책을 시행하고, 문화·라이프스타일 변화를 촉진하면 인구증가 속도를 낮출 수 있고, 실제로 세계의 많은 곳에서 이런 일이 일어나고 있다. 25

(23) 경제성장이 안 되면 시민의 행복 수준은 낮아질까?

상황에 따라 다를 것이다. 경제성장은 더 이상 객관적인 또는 주관적인 행복을 증진하고 있지 않다. 26 강력한 행복 지표 집합체인 참진보지표는 1950년대 이후 미국 같은 일부 고소득 국가에서, 아울러 1960년대, 1970년대 또는 1980년대 이후 다른 국가들에서 행복 수준 향상이 정체되었음을 보여준다. 미국 거주민 3명 중 오직 1명만이 "매우 행복하다"고 고백하고 있다. 이 비율은 1973년 이후 오르락내리락했지만, 고속 성장한 GDP와 무관하게 크게 변하지 않았다. 중위소득 국가들의 기대 수명은 고소득 국가들의 그것과 비슷하고, 코스타리카 같은 일부 중위소득 국가의 국민이 느끼는 삶의 만족도는 미국이나 홍콩 같은 고소득 국가의 국민이 느끼는 것보다 더 높다. 평등은 GDP보다 사회 전반의 행복에 훨씬 더 강력한 영향을 미친다. 게다가 하버드 대학의 성인 발전 연구가 밝혔듯, 개인의 행복을 가장 잘 말해주는 지표는 소득이나 계급이 아니라 사회적 관계이다. 경제 축소는, 그것이 만일 특정 긴축재정 정책으로 이어진다면 행복에 부정적 영향을 끼칠지도 모른다. 하지만 그것이 바람직한 식생활과 건강이라는 효능이 있는 라이프스타일 변화를 유발한다면 또는 사람들을 더욱 친밀하게 묶어준다면, 부정적 영향은 없을 것이다. 탈성장(성장 지양)은 단순한 경제 축소가 아니라, 의미 있게 살아가고, 단순한 즐거움을 누리고, 다른 사람들과 더 많이 관계 맺고 공유하며, 더 평등한 사회에서 더 적게 일하기라는 프로젝트다. 탈성장(성장 지양)은 삶의 행복을 **개선할 수 있다.**

당신이 옳다, 하지만 내가 뭘 할 수 있지?

이 책에서 공유된 이야기를 우리는 서로 이야기하고, 또 다른 이들에게 전할 수 있다. 온라인이든 오프라인이든 서클과 독서모임을, 오픈 유니버시티와 학교를 만들고 무엇이 필요한지를 토론할 수도 있을 것이다. 27

성장형 경제체제 외부에 있는, 협동적 생활·생산·소비 영역에 자신의 시간과 자원을 더 많이 투입하는 것도 가능하다. 소비자 협동조합 가입, 비영리단체·공공단체 근무, 협동조합 은행·윤리적 은행 이용, 제품 구매 시 사회적 책임을 다하는 생산자들 선호 또는 인근 텃밭에서 과일·채소 기르기 등이 그 예가 될 수 있을 것이다. 민간 시스템과 공공 시스템이 비틀거리며 우리의 필요를 충족시키지 못하고 있지만, 바로 그러하기에 우리는 연대 속에서 서로가 현실에 대응하도록 돕고, 새로운 구조를 세우고, 커먼스와 공공 부문을 갱신할 수 있다.

탄소 발자국과 물질 발자국 감축을 위해 우리의 행동방식을 바꿀 수 있다. 즉, 더 적게 사고 더 많이 나누며 가능한 경우 재사용하고 재순환시킬 수 있다. 육식을 적게 하고, 운전과 비행을 적게 하며, 기차와 대중교통을, 자전거를 더 많이 이용하고, 재생가능 에너지 제공업체, 이상적인 협동조합으로부터 전력을 공급받을 수 있다.

이 책에서 제시된 것 같은 사업들을 진전시키려는 의지가 있는 정치인에게 투표할 수도 있을 것이다. 우리의 의견을 대변하는 이들을 향해 경제성장 미화를 당장 그만두지 않는 한, 5대 개혁 과제 추진에 나서지 않는 한 투표하지 않을 것이라는 경고 메시지를 보낼 수도 있을 것이다. 각자 지지하는 정치인, 정당들의 캠페인과 방문 캠페인에 참여해 그들을 지원하는 것도 가능하다.

아직 미가입 상태라면 노동조합이나 학생조합에 가입해서 더 나은 조건과 더 짧은 노동시간을 위한 파업에 동참할 수도 있을 것이다. 기후위기 대응 행동을 옹호할 수도 있을 것이다. 긴축재정 · 퇴학 · 대학 등록금 인상 ·

학생 부채에 반대하거나 도시인으로서의 권리 · 주택권 또는 노동자 · 여성 · 이민자 · 청소 노동자cleaners의 권리를 옹호하는 직접 행동과 시위에 참여할 수도 있을 것이다. 우리가 사는 마을과 도시, 직장에서 발생하는 많은 갈등의 뿌리에 경제성장을 위해 더 커다란 희생을 계속 요구하며 경제성장을 촉구하는 힘과 세력들이 있음을 깨달을 수도 있을 것이다.

그렇다, 24시간이 주어질 뿐인 하루라는 시간은 이 모든 것을 하기에는 지나치게 짧은 시간일 것이다. 우리는 생계를 지속해야만 하고, 많은 지역과 사회들에서 생계 지속의 여건은 점점 더 척박해지고 있다. 또한 우리에게는 파티 개최든 음악 작곡이든, 대화나 시위든, 어떤 방식으로든 우리의 삶에서 기쁨을 찾아낼 권리가 있다. 우리는 어느 날 약해질 수 있고, 다른 이들이 우리를 돌보게 할 수 있고, 언젠가 우리도 그들을 돌볼 것이라는 자각에 이를 수 있다. 우리는 우리 자신의 모순들(기억해보시길, 최대 일곱 개다!)을 껴안고 사는 법을 배울 수 있다. 그리고 마지막으로, 우리가 다른 이들과 함께 있을 때와 마찬가지로, 우리는 우리 자신에게 친절을 베풀어야 한다.

번역어 설명

번역은 난사難事다. 번역은 언어 전쟁이다. 번역은 언어와 씨름하는 노동이다. 번역은 언어를 다루는 창작 활동이다. 번역은 언어를 매만지는 언어 장인의 활동이다. 번역은 원어, 번역어 관련 전문적 언어 지식을 요구한다. 좋은 번역인은 단어와 구절을 캐내고, 뽑아내고, 깎아내고, 선별하고, 뒤바꾸고, 정리한다. 좋은 번역인은 자신만의 언어 사전, 용어 사전, 용례 사전, 번역어 사전을 구축해낸다. 좋은 번역인은 나무를 다루는 목수, 돌을 다루는 보석세공인, 악보를 다루는 피아노 연주자를 닮았다. 집처럼, 보석처럼, 음악처럼 번역은 참신할수록 좋다. 번역이 반듯해지면, 한 언어공동체의 언어가 바로 선다. 연구자 수가 유럽어권에 비해 턱없이 부족하기에 번역이 중요한 한국 같은 사회에서는 더욱 그러하다.

한국 번역자들은 더욱 세심한 주의를 기울여야 한다. 기존에 나와 유통되고 있는 다수의 온라인·종이책 사전에 허점이 적지 않기 때문이다. 번역 과정에 긴요한 한국어 유의어(비슷한 말) 사전류도 그 종류와 내용이 빈약하다. 사정이 이러하기에 이제라도 한국 번역자들은 공동 번역어 사전이라는 커먼스를 새로운 마음으로 건축해가야 한다. 그러려면 오류에 대한 자성이, 참신한 제안과 치열한 토론이, 그것이 이뤄지는 번역 공론장이 필요하다.

그러나 번역 공론장을 서울이나 대전, 부산 같은 도시에서 열자는 말이 아니다. 잘된 번역서 한 권은 그 자체가 번역 공론장의 역할을 할 것이다.

이 책의 번역이 얼마나 잘된 것인지는 우리 자신이 확언하기 어렵다. 우리가 번역의 신이 아닌 이상 오류가 전무하다고 장담하기는 어렵다. 그러나 모두의 한국어 번역어 사전이라는 커먼스를 건축하는 데 우리의 작업이 어느 정도는 기여할 수 있으리라고 우리는 생각한다. 아울러, 우리의 기여 또는 오류를 한층 더 분명히 하고자 이 책을 번역하는 과정에서 우리가 선택한 중요 번역어를 아래에서 소개한다. 한국어로 번역 업무에 착수하는 모든 정신에게 아래의 번역어 정리(또는 제안)가 자극과 촉매가 되기를 소망한다. ─ 우석영, 장석준

affordable 적정가의, 적절한 가격의

appropriation 수탈

arrangement 제도, 실천 형태, 실행, 준비

articulate 분명히 말하다, 분명히 표현하다, 접맥하다

austerity 긴축재정, 긴축 (정책)

behavior 행동방식, 행태

bond 공채

carbon fee 탄소 부담금

cleaners 청소 노동자

common 공동의, 공통의, 모두의

common good 공공선

common goods 공공재

commons 커먼스

common sense 상식, 보편 감각

commoning 커머닝

commoner 커머너, 커먼스 관리자

community 지역공동체, 지역사회, 공동체, 마을, 집단, 사회

CSA, community supported agriculture 지역사회 지원 농업

compound growth 복률複率 성장

conviviality 공유하고 안분지족安分知足하는 즐거움, 안분자연安分自然

decluttering 불필요물 제거

degrowth 탈성장, 성장 지양, 적정 성장

derivative 파생 상품

dislocation 혼란

environment 자연환경, 자연, 환경, 주변 환경

expectation 기대 가치, 기대치

expropriate 수탈하다

embodied 몸에 배인, 구현된

empower 격려하다

equitable 평등한, 평등이 실현되는, 평등을 보장하는

equity 형평(성)

establishment 구축, 성립, 정립

ethnoracial 민족-인종(적)

extractive 땅을 착취하는, 지구에 빨대를 꽂는, 채광

extracted 뽑아먹는

forge 벼리다, 빚다, 분투하며 만들다

foster 육성하다, 키우다

gender 남녀, 젠더

gendered 성별로 구분된, 성별 역할이 구분된

global material flows 세계 물질 유동량

GND 그린뉴딜

grassroot 풀뿌리, 기층(민)

growth 성장, 경제성장

growth-driven 성장 주도, 성장 본위

growth imperative 성장 강박

indigenous people/group 선주민, 선주민 집단

inherent 내부에 기본 구조로서 존재하는

in-kind contribution 현물 출자

initiative 뜻, 기획, 사업

infrastructure 인프라스트럭쳐, 인프라

interests 이해관계, 이해집단, 이익

impact 충격, 부담, 결과, 영향, 큰 영향, 크게 영향 미치다

just transition 정의로운 전환

kinship 친족

lifeways 삶의 방식

livelihood 살림살이, 생활

low-impact 저부담, 환경 부담을 적게 주는

material flows analysis 물질 유동량 분석

material footprint 물질 발자국

mobilize 대중을 움직이다, 작동시키다

mobilization 대중을 움직이게 함, 대중 조직화

modest 소박한, 얌전한

moderated 조절된

moderation 중용

monoculture 단종상품 경제

motivate 마음을 움직이다

neighborhood cooperative 마을 협동조합

neighborhood economy 마을 경제

net energy 순 에너지

positional goods 지위재

positive money 완전 화폐

planning obsolescence 계획적 구식화

process 과정, 실천, 실천과정

proposal 방안, 정책, 제안

provisioning 필수재 공급

readjustment 이전으로 복귀함

reclaim 복원하다, 되찾다

recycle 재순환시키다

reproduction 재생산, 출산

resilience 회복력, 회복탄력성

resource-intensive 자원 착취적인, 자원을 과다 사용하는

secrecy jurisdiction 역외비밀지역

steady-state 안정 유지 상태

superblock 자동차 없는 구역

supply chain 공급체인

transformation 대전환, 변혁, 이행

undermine 아래에서 뒤흔들다, 기반을 뒤흔들다

underpaid 헐값

unpaid 공짜, 무급

universal basics 보편적 기본 정책

UBI 보편 기본 소득

UBS 보편 기본 서비스

waste 폐기물

wellbeing 좋은 삶, 행복한 삶, 행복, 안녕, 복리

1장 탈성장 세계를을 옹호하는 이유

1   D.H. Meadows, D.L. Meadows, J. Randers, and
W. Behrens III, The Limits to Growth, New York: Universe Books, 1972; E.J. Mishan, The Costs of Economic Growth, London: Staples Press, 1967.

2   "Global Inequality," at https://inequality.org/facts/ global-inequality.

3   United States Census Bureau, American Community Survey (ACS), 2018 Data Release New and Notable (2019), at https://www.census.gov/programs-surv eys/acs/news/data-releases/2018/release.html.

4   Y. Varoufakis, Twitter post, 2018, at https://twitter. com/yanisvaroufakis/status/1042351984559513600.

5   W. Steffen et al., "Planetary Boundaries: Guiding Human Development on a Changing Planet," Science 347(6223), 2015: 1259855-1-10.

6   See W.J. Ripple, C. Wolf, T.M. Newsome, M. Galetti, M. Alamgir, E. Crist, M.I. Mahmoud, W.F. Laurance, and 15,364 scientist signatories from 184 countries, "World Scientists' Warning to Humanity: A Second Notice," BioScience 67(12), 2017:

1026–8.

7   E. Hirsch, "The Unit of Resilience: Unbeckoned Degrowth and the Politics of (Post)development in Peru and the Maldives," Journal of Political Ecology 24, 2017: 462–75.

8   L. Berg, "Clean Water and the Environmental Justice Movement," Shared Justice (2019), at http://www. sharedjustice.org/domestic-justice/2019/6/12/clean- water-and-the-environmental-justice-movement.

9   ESRI ArcGIS Storymaps, Louisiana Cancer Alley, ArcGIS, at http://www. arcgis.com/apps/MapJournal/ index.html?appid=ffeea5ac225040a380aa11b2 5e7 86a68.

10   R. Wilkinson and K. Pickett, The Spirit Level: Why More Equal Societies Almost Always Do Better, New York: Bloomsbury, 2011.

11   European Environment Bureau, Decoupling Debunked – Evidence and Arguments Against Green Growth as a Sole Strategy for Sustainability, Brussels: EEB, 2019.

12   S. Singh and W. Haas, "Aid, Metabolism, and Social Conflicts in the Nicobar Islands," in Ecological Economics from the Ground Up, New York: Routledge/Earthscan, 2012; J. Suzman, Affluence without Abundance: The Disappearing World of the Bushmen, New York: Bloomsbury, 2017.

13   UN Environment International Resource Panel, Global Material Flows Database, UN Environment, at http://www.resourcepanel.org/global-material-fl ows-database.

14   Pope Francis, Laudato si' of the Holy Father Francis on Care for our Common Home, Vatican: Libreria Editrice Vaticana, 2015.

15   See M. Weiss and C. Cattaneo, "Degrowth: Taking Stock and Reviewing an Emerging Academic Paradigm," Ecological Economics 137, 2017: 220–30.

16.   A. Kothari, A. Salleh, A. Escobar, F. Demaria, and A. Acosta, Pluriverse: A Post-Development Dictionary, New York: Columbia University Press, 2019; A. Kothari, F. Demaria, and A. Acosta, "Buen Vivir, Degrowth, and Ecological Swaraj: Alternatives to Sustainable Development and the Green Economy," Development 57(3–4), 2014: 362–75.

17   C. Dengler and L. Seebacher, "What About the Global South? Towards a Feminist Decolonial Degrowth Approach," Ecological Economics 157, 2019: 246–52; S. Paulson, "Pluriversal Learning: Pathways Toward a World of Many Worlds," Nordia Geographical Publications 47(5), 2019: 85–109;

B. Rodríguez-Labajosa, I. Yánez, P. Bond, L. Greyle,

S. Munguti, G. Uyi Ojo, and W. Overbeek, "Not So Natural an Alliance? Degrowth and Environmental Justice Movements in the Global South," Ecological Economics 157, 2019: 175–84.

18   J.F. Gerber and R. Rajeswari, "Post-Growth in the Global South? Some Reflections from India and Bhutan," Ecological Economics 150, 2018: 353–8;

R. Verma, "Gross National Happiness: Meaning, Measure and Degrowth in a Living Development Alternative," Journal of Political Ecology 24(1), 2017: 476–90.

19   A. Cox Hall, "Neo-Monastics in North Carolina, De-Growth and a Theology of Enough," Journal of Political Ecology 24(1), 2017: 543–65.

20   A. Beling and J. Vanhulst, Desarrollo non sancto: La religion como actor emergente en el debate global sobre el futuro del planeta, Mexico City: Siglo XXI Editores México, 2019.

21   K. Polanyi, The Great Transformation, New York: Farrar & Rinehart, 1944.

22   United Nations Population Division, Household Size & Composition, 2018: United States of America (2019), at https://population.un.org/Household/ind ex.html#/countries/840.

2장 경제성장의 희생물

1   W. Steffen et al., "Planetary Boundaries: Guiding Human Development on a Changing Planet," Science 347(6223), 2015: 1259855-1-10.

2   D. Harvey, Marx, Capital and the Madness of Economic Reason, New York: Oxford University Press, 2018.

3   R. Seaford, Money and the Early Greek Mind: Homer, Philosophy, Tragedy, Cambridge: Cambridge University Press, 2004.

4   M. Schmelzer, The Hegemony of Growth: The OECD and the Making of the Economic Growth Paradigm, Cambridge: Cambridge University Press, 2016, p. 164.

5   D. Harvey, A Brief History of Neoliberalism, New York: Oxford University Press, 2007.

6   D. DeSilver, "For Most US Workers, Real Wages Have Barely Budged in Decades," Pew Research Center, August 7, 2018, at https://www.pewresearch. org/fact-tank/2018/08/07/for-most-us-workers-real- wages-have-barely-budged-for-decades.

7   J. Schor, The Overworked American: The Unexpected Decline of Leisure, New York: Basic Books, 1992.

8   L. Berger, J.M. Collins, and L. Cuesta, "Household Debt and Adult Depressive Symptoms in the United States," Journal of Family and Economic Issues 37(1), 2015: 42–57.

9   G. Gheorghe, "World Debt Hits Record High of USD 247 Trillion in Q1," Business Review, July 11, 2018,   at http://business-review.eu/money/world-

debt-hits- record-high-of-usd-247-trillion-in-q1–176496.

10   L. Elliot, "Debt Crisis Warning as Poorest Countries' Repayment Bills Soar," Guardian, April 3, 2019, at https://www.theguardian.com/business/2019/ apr/03/ debt-crisis-warning-as-poorest-countries-repayment- bills-soar.

11   K. Aiginger, "Why Growth Performance Differed Across Countries in the Recent Crisis: The Impact of Pre-Crisis Conditions," Review of Economics & Finance 1 (2011): 35–52.

12   P. Wargan, "A Green New Deal for Europe," Tribune, May 14, 2019, at https://tribunemag.co.uk/ 2019/05/a-green-new-deal-for-europe.

13   S. Sassen, "Who Owns Our Cities – and Why This Urban Takeover Should Concern Us All," Guardian, November 24, 2015, at https://www.theguardian. com/cities/2015/nov/24/who-owns-our-cities-and- why-this-urban-takeover-should-concern-us-all.

14   P. Crerar and J. Prynn, "Revealed: How Foreign Buyers Have Bought 100 bn of London Property in Six Years," Evening Standard, October 21, 2015, at https://www.standard.co.uk/news/london/revealed- how-foreign-buyers-have-bought-100bn-of-london- property-in-six-years-a3095936.html.

15   B. Gilbert, "People are Pooping More Than Ever on the Streets of San Francisco," Business Insider, April 18, 2019, at https://www.businessinsider.es/ san-francisco-human-poop-problem-2019–4?r=US& IR=T.

16   United Nations Human Rights: Office of the High Commissioner, Statement on Visit to the United Kingdom, by Professor Philip Alston, United Nations Rapporteur on extreme poverty and human rights (2018), at https://www.ohchr.org/EN/NewsEvents/ Pages/DisplayNews. aspx?NewsID=23881&LangID=E.

17   M. Karanikolos, P. Mladovsky, J. Cylus, S. Thomson,

S. Basu, D. Stuckler, J. Mackenbach, and M. McKee, "Financial Crisis, Austerity, and Health in Europe," The Lancet 381(9874), 2013: 1323–31.

18   M. Lang, "A Historical Victory in Ecuador," Radical Ecological Democracy, October 19, 2019, at https:// www.radicalecologicaldemocracy.org/historical-vict ory-in-ecuador.

19   "France's Bird Population Collapses Due to Pesticides," Desdemona Despair, March 22, 2018, at

https://desdemonadespair.net/2018/03/frances-bird- population-collapsesdue.html.

20   J. Ellis, "The Honey Bee Crisis," Outlooks on Pest Management 23(1), 2012: 35–40.

21   United Nations Report, "Nature's Dangerous Decline 'Unprecedented'; Species Extinction Rates 'Accelerating'" (2019), at https://www.un.org/sus tainabledevelopment/blog/2019/05/nature-decline- unprecedented-report.

22   J. Vidal, "'Tip of the Iceberg': Is our Destruction   of Nature Responsible for Covid-19?," Guardian,

18 March 2020, at https://www.theguardian.com/ environment/2020/mar/18/ tip-of-the-iceberg-is-our- destruction-of-nature-responsible-for-covid-19-aoe;

R. Wallace, Big Farms Make Big Flu: Dispatches on Influenza, Agribusiness, and the Nature of Science, New York: NYU Press, 2016.

23   F. Mathuros, "More Plastic than Fish in the Ocean by 2050: Report Offers Blueprint for Change," World Economic Forum, January 19, 2016, at https:// www. weforum.org/press/2016/01/more-plastic-than-fish-

in-the-ocean-by-2050-report-offers-blueprint-for- change.

24   Y. Robiou du Pont and M. Meinshausen, "Warming Assessment of the Bottom-up Paris Agreement Emissions Pledges," Nature Communications 9, 2018.

25   P.J. Burke, M. Shahiduzzaman, and D.I. Stern, "Carbon Dioxide Emissions in the Short Run: The Rate and Sources of Economic Growth Matter," Global Environmental Change 33, 2015: 109–21.

26   S. Beckert, Empire of Cotton: A Global History, New York: Vintage, 2015.

27   S. Federici, Caliban and the Witch: Women, the Body and Primitive Accumulation, Chico, CA: AK Press, 2004.

28   S. Paulson, Masculinities and Feminities in Latin America's Uneven Development, New York: Routledge, 2015.

29   Cited in A. Escobar, Encountering Development, Princeton: Princeton University Press, 2011, p. 3.

3장 탈성장이라는 미래에 먼저 도착한 사람들

1   D. Bollier, "Commoning as a Transformative Social Paradigm" (2016), at http://www.bollier.org/blog/ commoning-transformative-social-paradigm.

2   L. Gezon and S. Paulson (eds.), "Degrowth, Culture and Power," Special Section of 15 articles, Journal of Political Ecology 24, 2017.

3   Environmental Justice Atlas, at https://ejatlas.org.

4   J. Otto, "Finding Common Ground: Exploring Synergies between Degrowth and Environmental Justice in Chiapas, Mexico," Journal of Political Ecology 24(1), 2017: 491–503.

5   P. Goodman, "The City That Cycles With the Young, the Old, the Busy and the Dead," New York Times, November 9, 2019, at https://www.nytimes.com/2019/11/09/world/europe/biking-copenhagen. html.

6   A. Varvarousis, "Crisis, Liminality and the Decolonization of the Social Imaginary," Environment and Planning E: Nature and Space

2(3), 2019: 493–512.

7   G. Monbiot, "The Horror Films Got it Wrong: This Virus has Turned Us into Caring Neighbours," Guardian, 31 March 2020, at https://www.theguardi an.com/commentisfree/2020/mar/31/virus-neighbou rs-covid-19.

8   G.A. García López, "Performing Counter-Hegemonic Common(s) Senses: Rearticulating Democracy, Community and Forests in Puerto Rico," Capitalism Nature Socialism 28(3), 2017: 88–107.

9   J.K. Gibson-Graham, "Diverse Economies: Performative Practices for 'Other Worlds'," Progress in Human Geography 32(5), 2008: 613–32.

10   L. Benería, G. Berik, and M. Floro, Gender, Development and Globalization: Economics as if All People Mattered, Abingdon: Routledge, 2015.

11   J. Conill, M. Castells, A. Cardenas, and L. Servon, "Beyond the Crisis: The Emergence of Alternative Economic Practices," in Aftermath: The Cultures of the Economic Crisis, Oxford: Oxford University Press, 2012, pp. 210–50.

12   G. Dafermos, "The Catalan Integral Cooperative, P2P Foundation," at http://p2pfoundation.net/wp- content/uploads/2017/10/The-Catalan-Integral-Co operative.pdf.

13   Xarxa d'economia solidária de Catalunya, Informe del mercat social (2018), at http://mercatsocial.xes. cat/wp-content/uploads/sites/2/2016/04/informe-mer catsocial-2018_final.pdf.

14   A. Leach, "Happy Together: Lonely Baby Boomers Turn to Co-housing," Guardian, August 15, 2018, at https://www.theguardian.com/world/2018/aug/ 15/happy-together-lonely-baby-boomers-turn-to-co- housing.

15   M. Altieri and V. Toledo, "The Agroecological Revolution in Latin America: Rescuing Nature, Ensuring Food Sovereignty and Empowering Peasants," Journal of Peasant Studies 38(3), 2011: 587–612.

16   E. McGuirk, "Timebanking in New Zealand as a Prefigurative Strategy Within a Wider Degrowth Movement," Journal of Political Ecology 24(1), 2017: 595–609.

17   V. Kostakis and A. Roos, "New Technologies Won't Reduce Scarcity, But Here's Something That Might," Harvard Business Review, June 1, 2018, at https:// hbr.org/2018/06/new-technologies-wont-reduce-scar city-but-heres-something-that-might.

4장 새길을 여는 사회 개혁

1   House Resolution, 116th Congress, 1st Session, at https://www.congress.gov/bill/116th-congress/hou se-resolution/109/text.

2   D. Adler and P. Wargan, "10 Pillars of the New Green Deal for Europe" (2019), https://www.gnd foreurope.com/10-pillars-of-the-green-new-deal-for-europe.

3   A. Pettifor, The Case for the Green New Deal, New York: Verso Books, 2019.

4   UCL Institute for Global Prosperity, "IGP's Social Prosperity Network Publishes the UK's First Report on Universal Basic Services" (2017), at https://www. ucl.ac.uk/bartlett/igp/news/2017/oct/igps-social-pros perity-network-publishes-uks-first-report-universal- basic-services.

5   J. Arcarons, D. Raventós, and L. Torrens, "Una Propuesta de Financiación de una Renta Básica Universal en Plena Crisis Económica," Sin Permiso III,

Monografico Renta Basica, 2013.

6   L. Haagh, The Case for Universal Basic Income, Cambridge: Polity Press, 2019.

7   K. Widerquist, A Critical Analysis of Basic Income Experiments for Researchers, Policymakers, and Citizens, London: Palgrave, 2018.

8   D. Raventós, Basic Income: The Material Conditions of Freedom, London: Pluto Press, 2007.

9   M. Lawhon and T. McCreary, "Beyond Jobs vs Environment: On the Potential of Universal Basic Income to Reconfigure Environmental Politics," Antipode 52(2), 2020: 452–74.

10   G. D'Alisa and C. Cattaneo, "Household Work and Energy Consumption: A Degrowth Perspective: Catalonia's Case Study," Journal of Cleaner Production 38, 2012: 71–9.

11   M. Bausells, "Superblocks to the Rescue: Barcelona's Plan to Give Streets Back to Residents," Guardian, May 17, 2016, at https://www.theguardian.com/ cities/2016/may/17/superblocks-rescue-barcelona- spain-plan-give-streets-back-residents.

12   Xarxa d'economia solidária de Catalunya (XES), "15 mesures cap a l'Economia Social i Solidária als municipis," at http://xes.cat/wp-content/ uploads/ 2019/04/15mesures_2019.pdf.

13   N. Ashford and G. Kallis, "A Four-Day Workweek: A Policy for Improving Employment and Environmental Conditions in Europe," European Financial Review, April–May 2013: 53–8.

14   Federal Motor Carrier Safety Administration (FMCSA), Summary of Hours of Service Regulations (2017), at https://www.fmcsa.dot.gov/regulations/ hours-service/summary-hours-service-regulations.

15   K.W. Knight, E.A. Rosa, and J.B. Schor, "Could Working Less Reduce Pressures on the Environment? A Cross-National Panel Analysis of OECD Countries, 1970–2007," Global Environmental Change 23(4), 2013: 691–700.

16   J. Boyce, The Case for Carbon Dividends, Cambridge: Polity Press, 2019.

17   D. Roberts, "The 5 Most Important Questions About CarbonTaxes, Answered"(2019),Vox,athttps://www. vox.com/energy-and-environment/2018/7/20/17584 376/carbon-tax-congress-republicans-cost-economy.

18   Office of the Under Secretary of Defense, National Defense Budget Estimates for FY 2020, at https:// comptroller.defense.gov/Portals/45/ Documents/def budget/fy2020/FY20_Green_Book.pdf.

19   T. Piketty, Capital in the 21st Century, Cambridge, MA: The Belknap Press of Harvard University Press, 2014; E. Saez and G. Zucman, The Triumph of Injustice: How the Rich Dodge Taxes and How to Make Them Pay, New York: W.W. Norton & Company, 2019.

20   Tax Policy Center, Urban Institute & Brookings Institution, "Historical Highest Marginal Income Tax Rates" (2018), at https://www.taxpolicycenter. org/statistics/historical-highest-marginal-income- tax-rates.

21   J. Stiglitz and M. Pieth, "Overcoming the Shadow Economy," International Policy Analysis, November 2016, at https://library.fes.de/pdf-files/iez/12922. pdf.

22   S. Pizzigati, The Case for a Maximum Wage, Cambridge: Polity Press, 2018.

23   See https://www.wagemark.org.

24   G. Morgenson, "Portland Adopts Surtax on C.E.O. Pay to Fight Income Gap," New York Times, December 7, 2016, at https://www.nytimes.com/ 2016/12/07/business/economy/portland-oregon-tax- executive-pay.html.

25   A. Hornborg, "How to Turn an Ocean Liner: A Proposal for Voluntary Degrowth by Redesigning Money for Sustainability, Justice, and Resilience," Journal of Political Ecology 24(1), 2017; Positive Money, "Escaping Growth Dependency" (2018), at https://positivemoney.org/publications/escaping-growth-dependency.

26   J. Hickel, "Aid in Reverse: How Poor Countries Develop Rich Countries," Guardian, January 14, 2017, at https://www.theguardian.com/global-devel opment-professionals-network/2017/jan/14/aid-in- reverse-how-poor-countries-develop-rich-countries.

27   J. Martínez-Alier, "Ecological Debt and Property Rights on Carbon Sinks and Reservoirs," Capitalism Nature Socialism 13(1), 2010: 115–19.

5장 대중 조직화를 위한 전략

1 E.O. Wright, Envisioning Real Utopias, New York: Verso Books, 2010.

2 D. Noonan, "The 25% Revolution – How Big Does a Minority Have to Be to Reshape Society?" The Scientific American, June 8, 2018, at https://www. scientificamerican.com/ article/ the-25-revolution- how-big-does-a-minority-have-to-be-to-reshape-soci ety.

3 M. Taylor, "Majority of UK Public Back 2030 Zero- Carbon Target – Poll," Guardian, November 7, 2019, at https://www.theguardian.com/environment/2019/nov/07/majority-of-uk-public-back-2030-zero- carbon-target-poll?CMP=Share_iOSApp_Other.

4 J. Elks, "Havas: 'Smarter' Consumers Will Significantly Alter Economic Models and the Role of Brands" (2014), Sustainable Brands, at https://sus tainablebrands.com/read/defining-the-next-econom y/havas-smarter-consumers-will-significantly-alter- economic-models-and-the-role-of-brands.

5 F. Demaria, "When Degrowth Enters the Parliament," Ecologist, January 16, 2017, at https://theecologist. org/2017/jan/16/when-degrowth-enters-parliament.

6 S. Samuel, "Forget GDP – New Zealand is Prioritizing Gross National Well-Being," Vox, June 8, 2019, at https://www.vox.com/future-perfect/2019/6/8/1865 6710/new-zealand-wellbeing-budget-bhutan-happin ess.

7 K. Aronoff, "Is Nationalization an Answer to Climate Change?" The Intercept, September 8, 2018,at https://theintercept.com/2018/09/08/jeremy-corb yn-labour-climate-change.

8 J. Gray, Gray's Anatomy: Selected Writings, London: Penguin Books, 2010, p. 127.

9 J. Gray, "Why the Greens Should Stop Playing God," UnHerd, June 3, 2019, at https://unherd.com/2019/ 06/climate-change-and-the-extinction-of-thought.

10 D. Harvey, "Why Marx's Capital Still Matters," Jacobin, July 12, 2018, at https://www.jacobinmag. com/2018/07/karl-marx-capital-david-harvey

11 J. Chan and J. Curnow, "Taking Up Space: Men, Masculinity, and the Student Climate Movement," RCC Perspectives 4, 2017: 77–85.

12   C. Dengler and L.M. Seebacher, "What About the Global South? Towards a Feminist Decolonial Degrowth Approach," Ecological Economics 157, 2019: 247.

13   A. Escobar, "Degrowth, Postdevelopment, and Transitions: A Preliminary Conversation," Sustainability Science 10(3), 2015: 451.

14   A. Beling, J. Vanhulst, F. Demaria, V. Rabi,

A. Carballo, and J. Pelen, "Discursive Synergies for a 'Great Transformation' Towards Sustainability: Pragmatic Contributions to a Necessary Dialogue Between Human Development, Degrowth, and Buen Vivir," Ecological Economics (144), 2017: 304–13.

15   B. Rodríguez-Labajos, I. Yánez, P. Bond, L. Greyle,

S. Munguti, G. Uyi Ojo, and W. Overbeek, "Not So Natural an Alliance? Degrowth and Environmental Justice Movements in the Global South," Ecological Economics 157, 2019: 176.

16   S. Paulson, "Pluriversal Learning: Pathways Toward a World of Many Worlds," Nordia Geographical Publications 47(5), 2019: 85–109.

17   See the Global Tapestry of Alternatives (GTA): https:// globaltapestryofalternatives.org.

18   M.E. Mann, "Radical Reform and the Green New Deal," Nature 573, 2019: 340–1, at https://www.nat ure.com/articles/d41586–019–02738–7.

19   P. Nirmal and D. Rocheleau, "Decolonizing Degrowth in the Post-Development Convergence: Questions, Experiences, and Proposals from Two Indigenous Territories," Nature and Space 2(3), 2019: 465–92.

Q/A 묻고 답하기

1   D. Stern, "The Rise and Fall of the Environmental Kuznets Curve," World Development 32(8), 2004: 1419–39.

2   For data and further references see J. Hickel and

G. Kallis, "Is Green Growth Possible?" New Political Economy, 2019, doi: 10.1080/135634 67.2019.1598964.

3   J.K. Steinberger, F. Krausmann, M. Getzner,

H.   Schandl, and J. West, "Development and Dematerialization: An International Study," PLOS ONE 8(10), 2013: e70385.

4   T.O. Wiedmann, H. Schandl, M. Lenzen, D. Moran, D., S. Suh, J. West, and K. Kanemoto, "The Material Footprint of Nations," Proceedings of the National Academy of Sciences 112(20), 2015: 6271–6.

5   Hickel and Kallis, "Is Green Growth Possible?"

6   B. Alcott, M. Giampietro, K. Mayumi, and

J. Polimeni, The Jevons Paradox and the Myth of Resource Efficiency Improvements, Abingdon: Routledge, 2012.

7   T. Murphy, "Can Economic Growth Last?" Do the Math blog, July 14, 2011, at https://dothemath.ucsd. edu/2011/07/can-economic-growth-last.

8   W.L. Rees, "Don't Call Me a Pessimist on Climate Change. I Am a Realist," The Tyee, November 11, 2019, at https://thetyee.ca/Analysis/2019/11/11/Clim ate-Change-Realist-Face-Facts.

9   R. York, "Do Alternative Energy Sources Displace Fossil Fuels?" Nature Climate Change 2, 2012: 441–3.

10   See A. Vatn and D.W. Bromley, "Choices without Prices without Apologies," Journal of Environmental Economics and Management 26(2), 1994: 129–48.

11   N. Georgescu-Roegen, The Entropy Law and the Economic Process, Cambridge, MA: Harvard University Press, 1971.

12   M. Giampietro, "On the Circular Bioeconomy and Decoupling: Implications for Sustainable Growth," Ecological Economics 162, 2019: 143–56.

13   K. Anderson and A. Bows-Larkin, "Avoiding Dangerous Climate Change Demands De-Growth Strategies from Wealthier Nations" (2013), at https:// kevinanderson.info/blog/avoiding-dangerous- climate-change-demands-de-growth-strategies-from- wealthier-nations.

14   C. Le Quéré et al., "Drivers of Declining CO2 Emissions in 18 Developed Economies," Nature Climate Change 9(3), 2019: 213–17.

15   See G. Kallis, Degrowth, London: Agenda Publishing, 2018, pp. 77–9.

16   P. Brown, "Cuba's Urban Farming Shows Way to Avoid Hunger," EcoWatch, November 12, 2019, at https://www.ecowatch.com/urban-farming-cuba- 2641320251.html.

17   B. Lars-Arvid, L. Leuser, C. Baedeker, F. Lehmann, and S. Thomas, Energy Sufficiency in Private Households Enabled by Adequate Appliances, Wuppertal Institut für Klima, Umwelt, Energie, 2015, at https://epub.wupperinst.org/frontdoor/deliv er/index/docId/5932/file/5932_Brischke.pdf.

18   R. Gessler and B. Volland, "On the Way to the 2000- Watt Society" (2016), at https://www.stadt-zuerich. ch/portal/en/index/portraet_der_stadt_zuerich/2000- watt_society.html.

19   M. Ravallion, "A Relative Question," Finance & Development 49(4), 2012: 40–3.

20   T. Piketty, Capital in the 21st Century, Cambridge, MA: The Belknap Press of Harvard University Press, 2014.

21   J. Steinberger, J. Roberts, G. Peters, and G. Baiocchi, "Pathways of Human Development and Carbon Emissions Embodied in Trade," Nature Climate Change 2, 2012: 81–5.

22   W.F. Lamb and N.D. Rao, "Human Development in a Climate-Constrained World: What the Past Says About the Future," Global Environmental Change 33, 2015: 14–22.

23   Positive Money, "Escaping Growth Dependency" (2018), at https://positivemoney.org/publications/es caping-growth-dependency.

24   Kallis, Degrowth, pp. 109–10.

25   For a more detailed discussion of population, immi- gration, and degrowth, see Kallis, Degrowth, pp. 180–7.

26   For more detailed data, debates, and references see Kallis, Degrowth, pp. 87–95.

27   If you want to get closer to the degrowth commu- nity you are welcome to join our summer schools (https://summerschool.degrowth.org) or master program (https://master.degrowth.org), the biennial international degrowth conferences (https://www. degrowth.info/en/conferences), the Feminisms and Degrowth Alliance (FaDA – https://www.degrowth. info/en/2017/02/feminisms-and-degrowth-allianc e-fada-newly-launched), or the Global Tapestry of Alternatives (https://globaltapestryofalternatives. org).

찾아보기

산현 포럼

출판·연구 공동체 산현재傘玄齋의 주춧돌 조직으로 산현재에서 진행하는 사업, 프로젝트를 기획하고 때로는 실행한다. 현재, 김영준(변호사, 강원대학교 국제법 강사), 우석영(PNR, 산현재), 이헌석(정의당 녹색정의위원회), 장석준(정의당 정의정책연구소), 정정기(임원경제연구소), 한재각(기후정의 활동가)(이상 가나다 순)이 포럼에 참여하고 있다.